essentials

essentials liefern aktuelles Wissen in konzentrierter Form. Die Essenz dessen, worauf es als „State-of-the-Art" in der gegenwärtigen Fachdiskussion oder in der Praxis ankommt. *essentials* informieren schnell, unkompliziert und verständlich

- als Einführung in ein aktuelles Thema aus Ihrem Fachgebiet
- als Einstieg in ein für Sie noch unbekanntes Themenfeld
- als Einblick, um zum Thema mitreden zu können

Die Bücher in elektronischer und gedruckter Form bringen das Fachwissen von Springerautor*innen kompakt zur Darstellung. Sie sind besonders für die Nutzung als eBook auf Tablet-PCs, eBook-Readern und Smartphones geeignet. *essentials* sind Wissensbausteine aus den Wirtschafts-, Sozial- und Geisteswissenschaften, aus Technik und Naturwissenschaften sowie aus Medizin, Psychologie und Gesundheitsberufen. Von renommierten Autor*innen aller Springer-Verlagsmarken.

Weitere Bände in der Reihe http://www.springer.com/series/13088

Tatjana Derr · Stefan Georg · Chris Heiler

Die disruptive Innovation durch Streamingdienste

Eine strategische Analyse der Marktführer Netflix und Spotify

Tatjana Derr
Saarbrücken, Deutschland

Stefan Georg
Saarbrücken, Deutschland

Chris Heiler
Saarbrücken, Deutschland

ISSN 2197-6708 ISSN 2197-6716 (electronic)
essentials
ISBN 978-3-658-34010-0 ISBN 978-3-658-34011-7 (eBook)
https://doi.org/10.1007/978-3-658-34011-7

Die Deutsche Nationalbibliothek verzeichnet diese Publikation in der Deutschen Nationalbibliografie; detaillierte bibliografische Daten sind im Internet über http://dnb.d-nb.de abrufbar.

Lektorat: Ann-Kristin Wiegmann
Springer Gabler ist ein Imprint der eingetragenen Gesellschaft Springer Fachmedien Wiesbaden GmbH und ist ein Teil von Springer Nature.
Die Anschrift der Gesellschaft ist: Abraham-Lincoln-Str. 46, 65189 Wiesbaden, Germany

Was Sie in diesem *essential* finden können

- Umsetzung der SWOT-Analyse für den Praxisfall
- Praktische Umsetzung der Analyse neuer Geschäftsmodelle in Zeiten der Digitalisierung
- Auswirkungen der Corona-Pandemie auf die VoD- und Audio-Streaming-Branche
- Gezielte Modell-Analyse mit kongruenten Strategien und Handlungsvorschlägen
- Analyse, wie disruptive Innovationen zu einem Verdrängungswettbewerb auf den Märkten führen
- Darstellung der Art und Weise, wie die Marktführer Spotify und Netflix die Chancen der Digitalisierung erkannt und genutzt haben

Vorwort

Streamingdienste haben im letzten Jahrzehnt enorm an Popularität gewonnen. Mit ihren disruptiven Innovationen haben sie die Haushalte der Menschen weltweit erobert und damit die Basis für ihren Erfolg gelegt. Musik hören und Filme sehen: beides gehört schon seit langer Zeit zu den liebsten Freizeitbeschäftigungen der Menschen. Und nie war es einfacher, die Medien zu nutzen, als heute. Besonders erfolgreich agieren der Musikstreamingdienst Spotify und der Videostreamingdienst Netflix.

Lernen Sie in diesem Buch die Gründe dafür kennen, warum Spotify und Netflix die Position des Marktführers erobern konnten. Dazu bedienen sich die Autoren der Technik der SWOT-Analyse, indem sie die Stärken (Strengths – S), Schwächen (Weaknesses – W), Chancen (Opportunities – O) und Risiken (Threats – T) der beiden Unternehmen untersuchen. Basierend auf den Analyseergebnissen sind Normstrategien abgeleitet, mit denen die Unternehmen ihren wirtschaftlichen Erfolg absichern und ausbauen können. Doch kein Erfolg ist garantiert! Auch die Geschäftsmodelle der Marktführer weisen Schwächen und Risiken auf, die Mitbewerber nutzen können, um die eigenen Marktanteile zu steigern und Spotify und Netflix zurückzudrängen.

Tatjana Derr
Stefan Georg
Chris Heiler

Inhaltsverzeichnis

Abkürzungsverzeichnis

AI	Artifical Intelligence
Corp.	Corporation
Inc.	Incorporated (englisch-amerikanische Bezeichnung für: als [Aktien-gesellschaft, im Handelsregister] eingetragen)
ISP	Internet Access Provider
NASDAQ	National Association of Securities Dealers Automated Quotations System
NFLX	Netflix Stock
SA	Société Anonyme (Aktiengesellschaft)
SVoD	Subcription-Video-on-Demand (Abruf von Videos via Streaming gegen eine monatliche oder jährliche Zahlung)
SWOT	Strengths Weaknesses Opportunities Threats
TOWS	Threats Opportunities Weaknesses Strengths
UHD	Ultra High Definition
VoD	Video-on-Demand (Video auf Abruf)

Abbildungsverzeichnis

Disruptive Innovationen als Treiber wirtschaftlicher Entwicklungen

1

Aktuell stehen Unternehmen vor besonders großen Herausforderungen. Einerseits zwingen die Möglichkeiten der Digitalisierung die Unternehmen zum Handeln, andererseits beeinflussen Externalitäten wie die allgegenwärtige Corona-Pandemie das Leben der Menschen. In der Folge ist es für Unternehmen essentiell, herauszufinden, wie sie sich weiterentwickeln können, damit die eigenen Fähigkeiten, Verfahrensweisen und Geschäftsmodelle an den Anforderungen der Unternehmensumwelt ausgerichtet werden können, siehe Abb. 1.1.[1]

Die *Schumpeter Innovation* besagt, dass sich Unternehmen gerade in Krisenzeiten den besonderen Anforderungen anpassen müssen, um das langfristige Überleben zu sichern. Erfolgreiche Unternehmen verfolgen demnach das Ziel, an den Herausforderungen durch Innovationen zu wachsen (*schöpferische Zerstörung*), wodurch ein umfassender wirtschaftlicher Wandel möglich ist.[2] Im Zuge dessen wird auch das *Innovator's Dilemma* beschrieben. In diesem Fall richten bisher erfolgreich agierende Unternehmen ihre strategische Unternehmensführung nicht auf disruptive Innovationen aus, sondern halten stattdessen an der bisherigen strategischen Vorstellung fest. Dies hat zur Folge, dass insbesondere Start-up-Unternehmen die Chance erhalten, mit disruptiven Geschäftsmodellen und aggressiven Taktiken den Markt zu revolutionieren.[3] Ursächlich für diese Entwicklung sind gemäß Schumpeter

---

[1] Vgl. Paul/Wollny (2011), S. 79, zitiert nach Ansoff (1965), S. 92; Vgl. Schumpeter (2020), S. 103–106.

[2] Vgl. manager magazin new media GmbH & Co. KG (2020a), Onlinequelle.

[3] Vgl. Scheer (2020), S. 6; Vgl. Christensen/Matzler/v.d. Eichen (2011), S. 12–17.

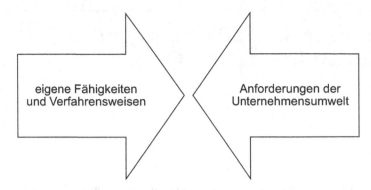

Abb. 1.1 Anforderungen an Unternehmen. (Quelle: Eigene Darstellung)

- der permanente Fortschritt, durch welchen vollkommener Wettbewerb generiert wird, sowie
- der Produktionsanstieg und
- nicht zuletzt der steigende Wohlstand der Menschheit.[4]

Fast alle Branchen unterliegen einem stetigen Wandel – aber einige Unternehmen haben sich trotzdem nicht fortwährend am Wandel des Marktgeschehens orientiert. Die Folgen sind oftmals der Verlust von Marktanteilen für die anpassungsarmen Unternehmen bis hin zur (drohenden) Insolvenz der betroffenen Unternehmen.[5]

Ein Geschäftsmodell gilt als disruptiv, wenn ein Produkt oder eine Dienstleistung im Zuge der Digitalisierung vorangetrieben wird und erstmalig auf dem Markt zu beobachten ist. Scheer weist darauf hin, dass als Folge dieser Entwicklung und Unternehmenspraxis bestehende Anbieter oftmals aus dem Markt gedrängt werden.[6] Während die zunehmende Digitalisierung in Prozessen und Produkten der Industrie zum Begriff Industrie 4.0 geführt hat,[7] ist für den Dienstleistungssektor der Begriff Dienstleistung 4.0 weniger gebräuchlich, obwohl sich auch dieser vergleichbar entwickelt.

---

[4]Vgl. Schumpeter (2020), S. 103–106.

[5]Vgl. manager magazin new media GmbH & Co. KG (2020b), Onlinequelle.

[6]Vgl. Scheer (2020), S. 4–5.

[7]Vgl. Georg (2020), Onlinequelle.

Langfristig ist der Wettbewerb in vielen Branchen durch Innovationen geprägt. Diese beruhen zum einen auf Ergebnissen der Forschung und Entwicklung innerhalb einer Branche; Innovationen können jedoch auch aus fremden Branchen adaptiert werden. Auffälligerweise entstehen viele Innovationen oftmals durch das Engagement von Start-ups, die nicht an altherkömmlichen Geschäftsmodellen festhalten (müssen). Ein aktuelles Beispiel der letzten Jahre hierfür bietet das Streaming von (Unterhaltungs)-Medien: Musik und Filme werden immer seltener auf analogen Ton- und Datenträgern gekauft, sondern zunehmend über das Internet gestreamt. Das spart den Weg zum Händler, verursacht kein Lagerproblem in den eigenen vier Wänden und ist zudem auch oft noch – wenn auch geringfügig – preiswerter realisierbar.

Disruptive Technologien erschaffen gänzlich neue Märkte. Treiber von disruptiven Umbrüchen sind derzeit vor allem das Internet, die Digitalisierung und die Web 2.0-Technologie. Dabei greift jede Innovation unmittelbar etablierte und traditionelle Geschäftsmodelle von Unternehmen an.[8]

Übertragen auf die Medienbranche zeigt sich, dass durch disruptive Innovationen und Geschäftsmodelle etablierte Unternehmen existenziell bedroht werden. Wie viele Videotheken gibt es noch? Wer kauft noch Musik-CDs?[9] Dabei ist die Entwicklung nicht gänzlich neu. So wurde bereits Ende des letzten Jahrtausends die Vinyl-Schallplatte weitgehend durch die CD ersetzt, und statt Videokassetten gewannen zunächst die DVD und dann die Blu-Ray-Disc die Herzen der Konsumenten. In diesen Fällen mussten Hersteller der Medien ihre Produktpalette. umstellen, um weiterhin am Marktgeschehen im gewohnten Umfang teilnehmen zu können. In der näheren Zukunft ist auch das Überleben vieler Kinos gefährdet. Bedingt durch die Pandemie haben viele Kinogänger ein Abonnement bei einem oder mehreren Streamingdienstanbietern abgeschlossen und sich so das Kino nach Hause geholt. Zwar kann der Filmabend zu Hause das Kino nicht ersetzen, aber genügt es nicht, wenn die Kinogänger in der Zukunft 10 bis 15 % weniger ins Kino gehen, um dessen wirtschaftliche Existenz nachhaltig zu gefährden?

Das Wettbewerbsverhalten von Unternehmen im Hinblick auf Innovationen muss sich an den Veränderungen der Marktstrukturen und den Regeln der Wettbewerbsprozesse ausrichten und zielt damit immer auf den Kampf gegen die (neuen) Konkurrenten bzw. Mitbewerber ab. Innovationen entstehen nicht durch die Wettbewerbssituationen selbst, vielmehr ist die Innovation selbst der Treiber des Wettbewerbsprozesses und verändert somit Marktstrukturen grundlegend.

---

[8]Vgl. Christensen/Matzler/von den Eichen (2011), S. 12–17.
[9]Vgl. Münter (2018), S. 131.

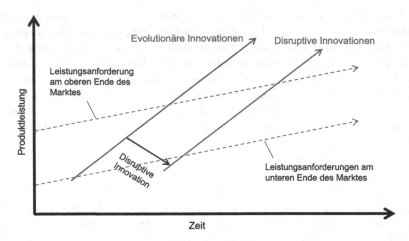

Abb. 1.2 Entwicklung evolutionäre versus disruptive Innovationen. (Quelle: Eigene Darstellung, in Anlehnung an Christensen/Matzler/von den Eichen (2011), S. 6–11)

Die Entwicklung von Technologien, Unternehmen und Wettbewerb sollten deshalb stets gemeinsam betrachtet werden.[10] Abb. 1.2 stellt die Entwicklung der »disruptiven Innovation« dar.

Eine disruptive Innovation beschreibt einen Prozess, bei dem sich ein Produkt oder eine Dienstleistung in einem Markt allmählich etabliert, bis dieses Produkt bzw. diese Dienstleistung den Markt letztlich erobert und bestehende Wettbewerber verdrängt. Dabei ist die Geschwindigkeit der Verdrängung auch von der Innovationsstärke der Neuentwicklungen abhängig. So ersetzte das Smartphone das *einfache* Handy innerhalb weniger Jahre. Dagegen wird es lange dauern, bis Fahrzeuge mit moderner Antriebstechnologie (auf Basis der Verwendung von Wasserstoff oder Strom) die Fahrzeuge mit Verbrennungsmotoren aus dem Markt drängen können.

Viele (zunächst erfolgreiche) Unternehmen neigen dazu, ihre bestehenden Produkte respektive Dienstleistungen zu innovieren, anstatt sie unmittelbar an den Bedürfnissen der Zielgruppe zu orientieren. Im Endeffekt stellen sie Produkte bzw. Dienstleistungen her, die für viele Kunden entweder zu hoch entwickelt, zu teuer oder zu kompliziert sind. Diese Vorgehensweise hat den Unternehmen möglicherweise in der Vergangenheit Erfolg bereitet, da sie damit hohe Rentabilitäten erzielen konnten. Allerdings werden gerade durch diese Vorgehensweise

---

[10]Vgl. Münter (2018), S. 150–151.

disruptive Innovationen – zum Nachteil der etablierten Unternehmen – letztlich unabsichtlich gefördert. Oftmals ermöglicht eine disruptive Innovation einer Verbrauchergruppe im Ergebnis den Zugang zu Produkten bzw. Dienstleistungen, die bislang nur Verbrauchern mit besseren finanziellen Mitteln oder größerem Fachwissen zugänglich waren. So besaßen jahrzehntelang Tageszeitungen eine gesicherte Marktposition, wenn es darum ging, den interessierten Leser mit aktuellen Informationen zum Weltgeschehen zu versorgen. Heute sind Informationen über das Internet wesentlich schneller (und oft auch noch kostenlos) verfügbar, sodass es den Verlagen zunehmend schwer fällt, Tageszeitungen wirtschaftlich erfolgreich zu vermarkten. Waren früher Informationen in einer Fremdsprache nur für diejenigen verständlich, die die Fremdsprache erlernt haben, kann heute jeder – wenn auch noch oft qualitativ stark eingeschränkt – mit Hilfe von Übersetzungstools die fremdsprachlichen Informationen in die Muttersprache übersetzen lassen und so verstehen.

Doch wie gelingt es Unternehmen, mit disruptiven Geschäftsmodellen die Märkte zu erobern? Typische Merkmale von disruptiv agierenden Unternehmen sind insbesondere in der Anfangsphase der Unternehmenstätigkeit

- niedrigere Bruttomargen,
- kleinere Zielmärkte sowie
- einfachere Produkte und Dienstleistungen.

Insbesondere niedrige Bruttomargen erscheinen für bestehende Unternehmen oftmals wirtschaftlich unattraktiv, weshalb der Wettbewerb in diesen (neuen) Märkten zunächst gering ist.[11] In dieser Zeit, in der die neu entstehenden Märkte klein sind, werden jene von den existierenden Großunternehmen nicht als interessant wahrgenommen – und genau an dieser Stelle hat der Markteintritt von disruptiven Innovationen eine immense Bedeutung.[12] Wer hätte gedacht, dass Menschen immer ihr Telefon dabei haben wollen? Wer konnte einschätzen, wie sehr Menschen den Onlinehandel schätzen werden? Unternehmen, die frühzeitig auf die innovative Technik gesetzt und große Marktanteile erobert haben, gelten als erfolgreichste Unternehmen der Welt. So zählen inzwischen mit Microsoft Corp., Apple Inc., Amazon.com Inc. und Alphabet Inc. vier Technologiekonzerne zu den fünf wertvollsten Unternehmen der Welt (Stand 2020).[13]

---

[11]Vgl. Christensen (o. J.), Onlinequelle.
[12]Vgl. Christensen/Matzler/von den Eichen (2011), S. 155–156.
[13]Vgl. PwC Deutschland (2020), Onlinequelle.

Die Relevanz der strategischen Analyse

2

Der technologische Wandel der Industrien und Märkte führt zu einer Steigerung des Risikos, aus dem Markt gedrängt zu werden, welches von den Unternehmen eingeschätzt und – wenn möglich – minimiert werden sollte. Im auf Rationalität basierenden Modell des wirtschaftlichen Handelns gehen Unternehmen Risiken ein, um die damit einhergehenden Chancen zu ergreifen. Letztlich ist dieses risikoaverse Verhalten von einer rationalen Abwägung von Gewinnen, Verlusten und Wahrscheinlichkeiten geprägt. Deswegen ist die strategische Ausrichtung des Unternehmens von signifikanter Bedeutung, da sich somit ex ante Planungsfehlschlüsse vermeiden lassen.[1] Münter betont zudem, dass nicht zuletzt die disruptive Skalierung von neuen Geschäftsmodellen dazu führt, dass etablierte Unternehmen in deren Existenz bedroht sind.[2]

Das strategische Management ist auf die Entwicklung bestehender und die Erschließung neuer Erfolgspotenziale ausgerichtet.[3] Jede Strategie basiert auf Annahmen, die sich mithilfe strategischer Tools wie beispielsweise der SWOT[4]-Analyse validieren lassen.[5] Das Unternehmensumfeld bedarf einer durchdachten Analyse durch entsprechende Strategie-Tools, denn unternehmerische Entscheidungen werden weitestgehend bei Risiko und unter Unsicherheit getroffen. Dies ist damit zu begründen, dass

---

[1] Vgl. Kahneman (2012), S. 312 f.; Vgl. Schawel/Billing (2004), S. 11.
[2] Vgl. Münter (2018), S. 131.
[3] Vgl. Georg (o. J.), Onlinequelle.
[4] Akronym für Strenghts, Weaknesses, Opportunities, Threats.
[5] Vgl. Ries (2013), S. 81.

- Umweltbedingungen,
- Wettbewerberverhalten,
- Rückkoppelungseffekte eigener Entscheidungen und nicht zuletzt auch
- Zufälle

die Unternehmensumwelt und damit auch die wirtschaftlichen Chancen eines jeden Unternehmens in besonderem Maße beeinflussen.[6]

Dieses Buch zeigt die Ergebnisse der Anwendung der SWOT-Analyse und der damit einhergehenden TOWS[7]-Normstrategien anhand des Audiostreaming-dienstes Spotify und des Video-on-Demand-Dienstes (VoD) Netflix auf. Die Stärken-Schwächen-Chancen-Risiken-Analyse hat zum Ziel, eine Positionierungs-analyse der (eigenen) strategischen Unternehmensaktivitäten im Vergleich zum Wettbewerb darzustellen. Hierbei stellen die Chancen und Risiken Einflüsse unternehmensexterner Natur dar. Beispielhaft sei an dieser Stelle die Covid 19-Pandemie genannt, die als externer Einflussfaktor die Wirtschaftlichkeit von Unternehmen beeinflusst. Dagegen sind interne Einflussfaktoren auf die Position des Unternehmens über die Stärken und Schwächen eines Unternehmens definiert. So erweisen sich Unternehmen, die ohnehin den Kontakt zu Kunden über das Internet pflegen, in Zeiten der Pandemie im Vorteil. Die Digitalisierung der beste-henden Geschäftsprozesse beschreibt somit eine Stärke des Geschäftsmodells des Unternehmens.

Aus einer intensiven Analyse und Synthese der Ergebnisse der SWOT-Methodik kann das Unternehmen operative und strategische Handlungsempfeh-lungen ableiten und geeignete Maßnahmen zum Fortgang des Unternehmens bestimmen. Anschließend können die Ergebnisse der SWOT-Analyse in der TOWS-Matrix (Darstellung von Threats-, Opportunities-, Weaknesses-, Strengths) weiterentwickelt werden. Die Leistungsfähigkeit der TOWS-Matrix zeigt sich darin, dass innerhalb der Matrix interne Einflussfaktoren mit externen Fakto-ren auf die Unternehmensentwicklung verbunden werden, um daraus relevante strategische Entscheidungen ableiten zu können, wohingegen die SWOT-Analyse alleine nicht die Zusammenhänge der diversen Faktoren und Kategorien darstellt.[8] Die Ergebnisse der TOWS-Matrix können in diesem Zusammenhang auch als kohärente Normstrategien der SWOT-Analyse verstanden werden.

---

[6]Vgl. Münter (2018), S. 92 f.

[7]Akronym für Threats, Opportunities, Weaknesses, Strengths.

[8]Vgl. Gabler Wirtschaftslexikon (o. J.), Onlinequelle; Vgl. Oxford College of Marketing (o. J.), Onlinequelle; Vgl. Münter (2018), S. 149; Vgl. Dillerup/Stoi (2016), S. 288–292; Vgl. Weihrich, H. (1982), S. 54–66; sowie vgl. Thode/Wistuba (2017), S. 29; und vgl. Beißel (2016), S. 73 f.

Das Unternehmen Spotify

3

Spotify Technology S.A. ist ein global agierender Audiostreamingdienst, der im Jahr 2006 gegründet wurde. Im Mittelpunkt des Streaming-Dienstes steht die Musik, aber auch Podcasts, Hörbücher und Videos werden den Nutzern zur Verfügung gestellt. Das Unternehmen agiert weltweit in mehr als 90 Ländern, erzielt dabei einen Umsatz von 6,764 Mrd. Euro und beschäftigt 4.405 Mitarbeiter. Der Hauptsitz von Spotify befindet sich in Luxemburg, woraus sich auch die Rechtsform des Unternehmens als eine luxemburgische Aktiengesellschaft (Société Anonyme, SA) erklärt. Ende 2020 weist die Marktkapitalisierung des Unternehmens ein Volumen von 47,59 Mrd. Euro auf – bei einem Aktienkurs von 259,60 € (Stand 30.12.2020, Börse Frankfurt).[1] Spotify verfügt über insgesamt 144 Mio. Abonnenten und 320 Mio. aktive monatliche Nutzer, woraus sich etwa 2,3 Nutzer pro Abonnement ableiten lassen. Das große Angebot des Unternehmens erstreckt sich über einen Streaming-Umfang von über 60 Mio. Musiktiteln und mehr als 1,9 Mio. Podcasts sowie vier Milliarden Wiedergabelisten.[2]

Spotify arbeitet als Streaming-Dienst multimedial, sodass die Inhalte über Computer, Smartphones, Smartwatches und Tablets gestreamt werden können. Dabei haben Nutzer die Möglichkeit, mittels der Spotify-App eigene Wiedergabelisten zu erstellen und diese in der Community zu teilen.[3]

Um Umsätze zu erwirtschaften, basiert Spotify's Geschäftsmodell auf einem Freemium-Modell, bei welchem einfache und fundamentale Dienstleistungen

---

[1] Vgl. Finanzen.net GmbH (2020), Onlinequelle.

[2] Vgl. Chip (2021), Onlinequelle.

[3] Vgl. Spotify Technology S.A. (2020a), Onlinequelle; Vgl. Spotify Technology S.A. (2020b), Onlinequelle.

© Der/die Autor(en), exklusiv lizenziert durch Springer Fachmedien Wiesbaden GmbH, ein Teil von Springer Nature 2021
T. Derr et al., *Die disruptive Innovation durch Streamingdienste*, essentials, https://doi.org/10.1007/978-3-658-34011-7_3

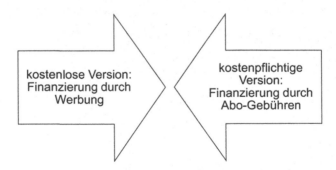

Abb. 3.1 Freemium-Modell von Spotify. (Quelle: Eigene Darstellung)

kostenlos sind und erweiterte sowie zusätzliche Funktionen einen Teil der kostenpflichtigen Premium-Funktion darstellen. Kunden kennen dieses Konzept von vielen Smartphone- und Tablet-Apps, die oftmals auch Basisleistungen gratis (werbefinanziert) zur Verfügung stellen und interessante Zusatzleistungen über ein kostenpflichtiges Zusatzangebot vermarkten. Spotify verfolgt mit dem Freemium-Modell das Ziel, die kritische Masse an direkten Netzwerkeffekten zur Etablierung und Weiterentwicklung der digitalen Plattform zu erreichen.[4]

Das Freemium-Modell funktioniert umso besser, je mehr die Plattform darauf ausgerichtet ist, Abhängigkeiten zu schaffen. Dadurch, dass Spotify in der kostenlosen Version Werbung schaltet, ist das Upgrade zur Premium-Version, bei jener keine Werbung geschaltet wird, für den ambitionierten Nutzer ein Muss. Die kostenlose Version von Spotify erleichtert die Anmeldung für die Nutzer und bietet darüber hinaus die optimale Möglichkeit, das eigene Produkt unter realen zu testen, siehe Abb. 3.1.[5]

Mitbewerber von Spotify sind beispielsweise die Streaming-Dienste Deezer, Apple Music, Napster, Amazon Prime Music, Google Play Music und YouTube. Darunter stellt Apple Music den größten, direkten Konkurrenten von Spotify dar, wie Abb. 3.2 zeigt.

Doch wo liegen die Stärken und Schwächen des Unternehmens? In Kap. 5 sind die Ergebnisse der Untersuchung des Unternehmens anhand der zuvor beschriebenen SWOT-Analyse dargestellt, sodass die Kohärenz der Theorie zur SWOT-Analyse und der unternehmerischen Praxis deutlich wird. Außerdem erfolgt die Entwicklung von Normstrategien mittels der TOWS-Matrix auf Basis der

---

[4]Vgl. Kumar (2014), S. 27–29; Vgl. Münter (2018), S. 294.
[5]Vgl. etventure (2020), Onlinequelle.

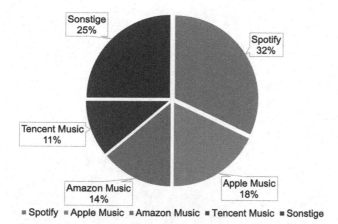

Abb. 3.2 Marktanteile der einzelnen Anbieter an den zahlenden Abonnenten von Musikstreaming weltweit im 1. Quartal 2020. (Quelle: Eigene Darstellung, in Anlehnung an Statista GmbH (2020), zitiert nach Music Industry Blog)

gewonnenen Erkenntnisse. Doch lernen Sie zunächst einen weiteren erfolgreichen Anbieter auf dem Markt für Streamingdienstleistungen kennen: Netflix.

Das Unternehmen Netflix 4

Der Softwareunternehmer Reed Hastings und der Marketingdirektor Marc Randolph schlossen sich zusammen und investierten 2,5 Mio. US$, um das damalige Start-up Netflix zu gründen.[1] Netflix Inc. wurde im Jahr 1997 in Delaware, USA gegründet und etablierte sich nur fünf Jahre später im Jahr 2002 bereits an der Börse.[2] Die Stammaktien werden am NASDAQ unter dem Symbol *NFLX* gehandelt.[3] NASDAQ 100 ist ein internationaler Technologieindex, der die Kurse von 100 amerikanischen Technologiewerten zusammenfasst.[4] Damit bietet er eine ideale Plattform für Unternehmen, deren Geschäftsmodell auf disruptiven Innovationen basiert.

Der Aktienkurs von Netflix steht Ende 2020 bei 432,70 € pro Aktie (Stand: 30.12.2020), woraus sich ein Börsenwert des Unternehmens (Marktkapitalisierung) von 186,96 Mrd. € ableiten lässt (Stand: 30.12.2020).[5]

Die Unternehmenszentrale befindet sich in Kalifornien, USA. Derzeit beschäftigt Netflix etwa 8.600 Vollzeitmitarbeiter. Laut des Jahresberichtes für das Jahr 2019 hat Netflix gemäß der Gewinn- und Verlustrechnung des Konzerns Erlöse in Höhe von etwa 20,2 Mrd. USD erwirtschaftet, was rund 16,4 Mrd. EUR entspricht. Dabei konnten ein Betriebsergebnis von 2,6 Mrd. USD (2,1 Mrd. €) und damit eine Umsatzrentabilität von 13 % erzielt werden. Erlöse erwirtschaftet das Unternehmen über kostenpflichtige Abonnements, wovon es weltweit mehr als 167 Mio. gibt. Dabei beläuft sich der durchschnittliche monatliche Umsatz pro

---

[1]Vgl. Jerzy (2019), Onlinequelle.
[2]Vgl. Netflix, Inc. (2020a), Onlinequelle.
[3]Vgl. Jahresbericht Netflix, Inc. (2019), Onlinequelle.
[4]Vgl. Kruse (2014), S. 207.
[5]Vgl. Finanzen.net GmbH (2020), Onlinequelle.

© Der/die Autor(en), exklusiv lizenziert durch Springer Fachmedien Wiesbaden GmbH, ein Teil von Springer Nature 2021
T. Derr et al., *Die disruptive Innovation durch Streamingdienste*, essentials, https://doi.org/10.1007/978-3-658-34011-7_4

zahlender Mitgliedschaft auf 10,82 US$ und damit auf durchschnittlich 8,81 €.
Ein besonderes Augenmerk verdienen die Ausgaben für Marketingmaßnahmen,
die sich im Jahr 2019 auf 2,6 Mrd. USD belaufen. Damit betragen sie stolze
13 % des Umsatzes und sind somit ebenso hoch wie die Umsatzrentabilität.[6]

Bei Gründung des Unternehmens stützte sich das Geschäftsmodell von Netflix
auf den Online-Film-Verleih und war mit dieser Geschäftsidee weltweit als ers-
tes Unternehmen auf dem Markt. In der Folge etablierte sich Netflix zunehmend
zu einem globalen Streamingdienst und entwickelte sich zu einem der weltweit
führenden Produzenten von Spielfilmen und Serien, die in 190 Ländern abrufbar sind.[7] Die Kunden von Netflix konnten Ende der neunziger Jahre erstmals
Filme zum Ausleihen online bestellen und erhielten DVD's per Postversand.[8]
Bereits geschaute Filme konnten mittels eines bereitgestellten Briefumschlags
zurückgesendet werden. Bereits im Jahr 2000 führte Netflix ein personalisier-
tes Empfehlungssystem mittels *Predictive Analytics* ein,[9] welches den Kunden
anhand persönlicher Präferenzen möglicherweise interessante Titel vorschlägt.[10]

Heute hat Netflix ein breites Produktportfolio zu bieten. Zu den Angeboten
des Unternehmens zählen TV-Serien, Spielfilme und Dokumentationen. Diese
sind in über 30 Sprachen verfügbar,[11] einschließlich herausragender Eigenproduktionen.[12] So hat das Unternehmen mit seinen eigenen Serien und Spielfilmen
mehrere renommierte Preise gewonnen, darunter drei Oscars für die Kategorie *Bes-
ter Film* in dem Drama *Roma*.[13] Frühzeitig führte Netflix ein Abonnementmodell
mit einer monatlichen Flatrate ein.[14] Außerdem nutze Netflix bereits im Jahr 2007
erstmals die Streamingtechnologie zur Verbreitung der Inhalte. So waren die Nutzer in der Lage, die Medien unmittelbar abzurufen. Seit dem Jahr 2011 produziert
Netflix Filme und Serien selbst.[15]

---

[6]Vgl. Jahresbericht Netflix, Inc. (2019), Onlinequelle.

[7]Vgl. Hastings/Meyer (2020), S. 8; Vgl. Proxy Statement (2020), Onlinequelle.

[8]Vgl. Hastings/Meyer (2020), S. 7; Vgl. McFadden (2020), Onlinequelle; Vgl. Hess (2019),
S. 164; Vgl. Jerzy (2019), Onlinequelle.

[9]Vgl. Sesler/Georg (2020), S. 67 und S. 83 f.

[10]Vgl. McFadden (2020), Onlinequelle; Vgl. Hess (2019), S. 164; Vgl. Jerzy (2019),
Onlinequelle.; Vgl. Netflix, Inc. (2020a), Onlinequelle.

[11]Vgl. Netflix, Inc. (2020a), Onlinequelle.

[12]Vgl. McFadden (2020), Onlinequelle; Vgl. Hess (2019), S. 164.

[13]Vgl. Hastings/Meyer (2020), S. 8; Vgl. Jerzy (2019), Onlinequelle.

[14]Vgl. Nagl/Bozem (2018), S. 22.

[15]Vgl. Der Spiegel (2018), Onlinequelle.

Das heutige Geschäftsmodell umfasst einen Abonnementdienst, bei welchem unbegrenztes Streaming zu einem niedrigen monatlichen Preis (in Deutschland ab 7,99 € pro Monat) möglich ist. Außerdem kann die Mitgliedschaft monatlich gekündigt werden, wodurch die Eintrittsschwelle in die Netflix-Welt bewusst niedrig gehalten wird. Die Streaming-Technologie ermöglicht, Inhalte wie Musik oder Videos online abzurufen, ohne diese herunterladen zu müssen und reduziert so den Speicherbedarf der Kunden.[16] Letztlich hat Netflix auf den sinkenden DVD-Verleih und auf die steigende Nachfrage nach Streaming-Inhalten erfolgreich reagiert, indem das Unternehmen zeitnah die Marktveränderung nutzte und auf Digitalisierung setzte sowie in neue Technologien investierte.[17]

Der Onlinedienst Netflix nutzt für sein Marketing Algorithmen, um die Inhalte nach den persönlichen Präferenzen der Nutzer zu sortieren und ihnen diese zu empfehlen.[18] Das Ziel dieser Maßnahme ist, den Bestandskunden Mehrwerte zu bieten, sodass diese Interesse verspüren, als Kunden erhalten zu bleiben. Zur Entwicklung und Verbesserung der Algorithmen sind mitunter 800 Entwickler tätig.[19] Die eigens entwickelte AI (Artificial Intelligence) und eine angepasste Streamingqualität ermöglichen Netflix den Erfolg auch auf Märkten, die weniger entwickelte Web-Infrastrukturen vorweisen können.[20]

Allerdings ist die Konkurrenz für Netflix heutzutage immens. Zu den etablierten Wettbewerbern wie Amazon und Sky kommen neuerdings auch Konzerne wie Apple (Apple TV +), Disney (Disney +) und Hulu dazu.[21] Dennoch kann Netflix nach wie vor einen hohen Marktanteil erreichen. In Deutschland lag im April 2020 der Anteil der SVoD-Nutzung über Netflix gemäß Goldmedia bei etwa 37 %, gefolgt von Amazon Prime Video mit 22 %, TVNow mit 14 %, Disney + mit zehn Prozent und den sonstigen Anbietern bei 17 %.[22]

---

[16]Vgl. Avast Software (2020), Onlinequelle.

[17]Vgl. Christensen et al. (2015), zitiert nach Hess (2019), S. 164.

[18]Vgl. Gentsch (2018), S. 14.

[19]Vgl. Gentsch (2018), S. 69.

[20]Vgl. Gentsch (2018), S. 77.

[21]Vgl. Jerzy (2019), Onlinequelle.

[22]Vgl. Goldmedia GmbH (2020a), Onlinequelle.

SWOT-Analyse und TOWS-Normstrategien

5

Die für das strategische Management entwickelte SWOT-Analyse ermöglicht eine Positionierungsanalyse der eigenen unternehmerischen Aktivitäten.[1] Wie in Abb. 5.1 dargestellt, werden mittels der Betrachtung und Analyse der globalen Umwelt, der Branche, der Märkte, der Kunden und Wettbewerber als externe Einflussfaktoren die Chancen und Risiken eines Unternehmens bestimmt.

Im Gegensatz zur Umweltanalyse werden mittels der Unternehmensanalyse interne Einflussfaktoren und somit die Stärken und Schwächen eines Unternehmens bestimmt. Die daraus abzuleitenden Ergebnisse stellen den Kern der SWOT-Analyse dar.[2] Die praktische Umsetzung dieser Analysetechnik erfolgt über eine Kategorisierung der Stärken, Schwächen, Chancen und Risiken auf einer Vier-Felder-Matrix (vgl. Abb. 5.2).

Die jeweiligen Felder der Matrix lassen sich nutzen, um Informationen bezüglich des Marktes, der Branche und der Konkurrenz sowie interne Unternehmensanalysen übersichtlich darzustellen. Letztlich erfolgt bei der SWOT-Analyse eine Gegenüberstellung der identifizierten Stärken und Schwächen eines Unternehmens mit den Chancen und Risiken, um strategische Handlungsempfehlungen abzuleiten.[3]

Die gezielte Ableitung von Normstrategien aus den Analyseergebnissen ist in der Unternehmenspraxis weit verbreitet. Zudem stellen die Einfachheit der Technik und die Schnelligkeit der Anwendungsmöglichkeit wesentliche Vorteile der

---

[1]Vgl. Gabler Wirtschaftslexikon (o. J.), Onlinequelle; Vgl. Oxford College of Marketing (o. J.), Onlinequelle; Vgl. Münter (2018), S. 149; Vgl. Dillerup/Stoi (2016), S. 288–292; Vgl. Weihrich, H. (1982), S. 54–66; sowie vgl. Thode/Wistuba (2017), S. 29.

[2]Vgl. Dillerup/Stoi (2016), S. 288–292; Vgl. Münter (2018), S. 149.

[3]Vgl. Dillerup/Stoi (2016), S. 288–292; Vgl. Münter (2018), S. 149.

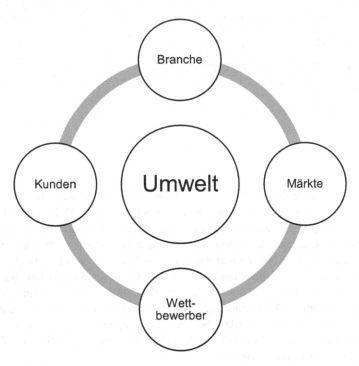

Abb. 5.1 Umweltanalyse. (Quelle: Eigene Darstellung)

Abb. 5.2 SWOT-Matrix.
(Quelle: Eigene
Darstellung)

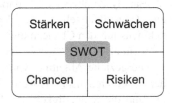

SWOT-Analyse dar. Darüber hinaus kann in einem iterativen Prozess die Analyse mehrmals durchgeführt werden, um die gewünschten Strategien zu generieren. Auch ist die Übersichtlichkeit der Vier-Felder-Matrix als Vorteil der Methodik zu nennen. Als größter Nachteil der SWOT-Analyse gilt die Problematik des hohen Grades an Subjektivität hinsichtlich der Einschätzung der jeweiligen internen und

Umwelt- analyse \ Unternehmens- analyse	Intern Auflistung der Stärken (S)	Auflistung der Schwächen (W)
Auflistung der **Chancen (O)**	*S-O-Strategien „ausbauen"* Aus welchen Stärken ergeben sich Chancen?	*W-O-Strategien „aufholen"* Schwächen eliminieren, um Chancen zu nutzen
Auflistung der **Risiken (T)**	*S-T-Strategien „absichern"* Welche Stärken minimieren Risiken?	*W-T-Strategien „vermeiden"* Strategien, damit Schwächen nicht zu Risiken werden

Abb. 5.3   SWOT-Matrix und TOWS-Normstrategien. (Quelle: Eigene Darstellung in Anlehnung an: Welge et al. (2017), S. 460, zitiert nach Bruhn/Meffert/Hadwich (2019), S. 218; sowie Wheelen/Hunger (2010), S. 144, zitiert nach Dillerup/Stoi (2016), S. 289; und Beißel (2016), S. 74)

externen Faktoren, wodurch letztlich strategische Planungsfehlschlüsse die Folge sein können.[4]

Um in der Folge die SWOT-Analyse für die Angebote von Spotify und Netflix durchführen zu können, bedarf es einer exakten Definition der einzelnen Elemente der Analyse und eines definierten Prozessmodells zur Umsetzung. Nachfolgend wird zunächst die Vorgehensweise der Analyse erörtert. Im Anschluss daran erfolgt eine genaue Auflistung der Normstrategien, die über die TOWS-Matrix, die innerhalb der vier Felder der SWOT-Matrix anzusiedeln ist, entwickelt werden können. Ergänzend ist es möglich, eine Priorisierung vorzunehmen, um die entwickelten Normstrategien hinsichtlich ihrer Relevanz für die Unternehmen einzuordnen. Letztendlich erfolgt dann in der Praxis die Umsetzung und Überwachung der jeweiligen Strategie. Abb. 5.3 zeigt ein exemplarisches Framework, wie eine SWOT-Analyse inklusive der TOWS-Matrix aufgebaut sein kann.

Die Erkenntnisse der SWOT-Analyse aus der Umweltanalyse und der Unternehmensanalyse machen den Handlungsbedarf der Unternehmen deutlich:[5]

---

[4]Vgl. Dillerup/Stoi (2016), S. 289.

[5]Vgl. Bruhn (2019), S. 43–45; Vgl. Beißel (2016), S. 73.

Unternehmensanalyse

Zur Unternehmensanalyse zählen alle unternehmensinternen Faktoren, die Stärken und/oder Schwächen des Unternehmens darstellen können. Die jeweiligen Einflussfaktoren gilt es zu analysieren, sodass ex post passende Normstrategien entwickelt werden können. Eine Stärke kann beispielsweise die Marktführerschaft durch den Einsatz fortschrittlicher Technologie sein – im Sinne einer Selbststeuerung der Geschäftseinheiten.[6] Man spricht hierbei von einer internen Transformation.[7] Weiterhin können beispielsweise qualifiziertes Fachpersonal, die Internationalisierung der Geschäftstätigkeit oder das Markenimage Stärken darstellen.[8] Im Gegenzug dessen können sich Schwächen beispielsweise in nicht-digitalisierten Geschäftsprozessen oder in einem schlechten Mitarbeiter-Führungsstil manifestieren. Eine häufig genutzte und damit auch wichtige Maßnahme zur Unternehmensanalyse bildet die Betrachtung des größten Konkurrenten – im Fall von Spotify ist dies beispielsweise Apple Music.

Umweltanalyse

Zur Umweltanalyse zählt die Gesamtheit aller externen Einflüsse, die durch Chancen und Risiken generiert werden. Diese Einflussfaktoren sind vom Unternehmen nur marginal beeinflussbar, sodass besondere Strategien entwickelt werden müssen, um als Unternehmen angemessen reagieren zu können. Risiken für Spotify oder Netflix könnten ein Cyber-Angriff oder auch die Gewinnung von Marktanteilen der Konkurrenz sein. Chancen umfassen z. B. die weltweiten Wachstumsmöglichkeiten, der Bedarf an Produktinnovationen oder der Aufbau neuer Vertriebswege. Als Risiken sind Bedrohungen wie beispielsweise neue Wettbewerber, Substitutionsgüter oder ein allgemeiner Preisverfall auf dem Markt für Streaming-Dienstleistungen zu nennen. Mittels der Ist-Analyse kann abgeschätzt werden, mit welcher Wahrscheinlichkeit eine Entwicklung fortwährt, sich intensiviert oder wieder abklingt. Chancen definieren sich durch Externalitäten wie beispielsweise die Corona-Pandemie, wodurch Kunden mehr Musik und mehr Filme streamen als je zuvor. Beispielsweise konnte Spotify im dritten Quartal des Jahres 2020 von einem signifikanten Premium-Abonnement-Zuwachs profitieren. Der Umsatz von Spotify stieg in dieser Zeit um enorme 27 %. Somit ist Spotify ein Gewinner der Corona-Pandemie.[9]

---

[6]Vgl. Scheer (2020), S. 9; Vgl. Bruhn (2019), S. 43–45; Vgl. Dillerup/Stoi (2016), S. 288 f.; Vgl. Gentsch (2018), S. 55.

[7]Vgl. Kres (2017), S. 198.

[8]Vgl. Boos et al. (2011), S. 21 f.

[9]Vgl. Handelsblatt (2020), Onlinequelle; Vgl. Bruhn (2019), S. 43–45; Vgl. Dillerup/Stoi (2016), S. 288 f.; Vgl. WirtschaftsWoche (2020), Onlinequelle; Vgl. Spotify Technology S.A. (2020c), Onlinequelle.

Priorisierung

Zur Beurteilung der Bedeutung der diversen internen und externen Faktoren auf die Unternehmen ist eine Bewertung des Zusammenhangs der einzelnen Sachverhalte vorzunehmen, wie sie auch aus dem Konzept der Balanced Scorecard bekannt ist.[10] Als Beispiel hierfür sei, bezogen auf Spotify und Netflix, die Erweiterung des Streamingangebotes bei gleichzeitiger Minimierung der Kostenstruktur genannt. Ferner könnte der Empfehlungsalgorithmus weiterentwickelt werden, sodass sich die Kundenzufriedenheit steigern lässt. Außerdem könnte es sinnvoll sein, bestehende interne Sicherheitslücken mit qualitativen Tests ausfindig zu machen und diese in einem weiteren Schritt zu schließen.

Gegenüberstellung

Die in der SWOT-Matrix enthaltene TOWS-Matrix hat zum Ziel, die Chancen und Risiken den Stärken und Schwächen gegenüberzustellen, um wechselseitige Strategien zu entwickeln, die für den langfristigen Unternehmenserfolg relevant sind. Diese wechselseitigen Strategien werden auch als Normstrategien bezeichnet. Ein Beispiel hierfür sei, das Spotify die bekannte Schwäche, die durch die miserable Zahlung der Künstler gekennzeichnet ist (Spotify zahlt 0,00.437 US-Cent pro Stream), in eine Chance konvertieren könnte, indem die Zahlungsmodalitäten im Sinne der Künstler reformiert werden.[11]

Die SWOT-Matrix ermöglicht, strategische Handlungsvorschläge zu generieren, welche schlussendlich als universelle Unternehmensstrategie zusammengefasst werden können.[12] Im Folgenden sind die typischen Normstrategien mit Praxisbeispielen erläutert:

Strengths-Opportunities-Strategien

Strenths-Opportunities-Strategien werden allgemeingültig als Offensivstrategien verstanden, da Unternehmen die eigenen Stärken nutzen, um vorhandene Chancen wahrzunehmen. Das Ziel dabei ist, die eigene Wettbewerbsposition zu verbessern. So könnte beispielsweise Netflix seine Wettbewerbsposition ausbauen, indem die Stärke in der Produkttechnologie mit der Chance eines Marktwachstums in Südamerika zur strategischen Stoßrichtung Expansion in Südamerika kombiniert wird. Dagegen könnte Spotify als Stärke die Marktführerschaft ausnutzen, um das

---

[10]Vgl. Georg (2018), S. 112.

[11]Vgl. Bruhn (2019), S. 43–45; Vgl. Dillerup/Stoi (2016), S. 288 f.; Vgl. Kölsch (2019), Onlinequelle.

[12]Vgl. Nieschlag et al. (2002), zitiert nach Dillerup/Stoi (2016), S. 289; Vgl. Kahveci (2014), S. 73 f.

bestehende Markt-Oligopol in ein Spotify-Monopol zu lenken, indem Start-ups, die möglicherweise über innovative Technologien (beispielsweise neue, verbesserte Algorithmen) verfügen, aufgekauft werden.[13] Die Normstrategie könnte beispielsweise wie folgt lauten:

take over the innovative competition and create market barriers
Die Normstrategie von Netflix ist äquivalent zur Strategie von Spotify. Netflix könnte seine Marktführer-Position nutzen, um ein Monopol in der SVoD-Branche anzustreben. Dies kann durch den Einsatz innovativer Technologien oder durch Akquisitionen von Wettbewerbern oder Start-ups mit innovativen Technologien erfolgen.

Weaknesses-Opportunities-Strategien
Die Weaknesses-Opportunities-Strategien haben zum Ziel, Schwächen zu überwinden, um Chancen ergreifen zu können. Diese Handlungsheuristiken werden in sogenannte Entwicklungsstrategien übertragen.[14] Eine bekannte Schwäche von Spotify ist die im Vergleich zur Konkurrenz schlechte Bezahlung der Künstler. In der Vergangenheit distanzierten sich renommierte Künstler deswegen von Spotify, wodurch das Unternehmen mit negativen Schlagzeilen konfrontiert war.[15] Spotify könnte die Bezahlung der Künstler verbessern, wodurch sich die Chance bieten würde, einen Zuwachs an neuen Künstlern zu erreichen und bessere Beziehungen zu renommierten Künstlern aufzubauen. So haben Wettbewerber von Spotify bis zu 10 Mio. mehr Songs im Angebot. Letztlich ist so zu erwarten, dass sich die Anzahl der Streams steigern lässt, sodass Spotify von Netzwerkeffekten zusätzlich profitieren kann. Die Normstrategie könnte wie folgt lauten:

Improve payment agreements to benefit over the long term
Im Fall von Netflix gilt es dagegen die Abhängigkeit von Providern zu verringern. Diese bestimmen die Konnektivitätsgeschwindigkeit der Kunden. Es bietet sich die Chance, strategische Allianzen mit Telekommunikationsanbietern zu bilden und so die Abhängigkeit von den Providern positiv zu nutzen. Weiterhin kann

---

[13]Vgl. Dillerup/Stoi (2016), S. 289; Vgl. Paul/Wollny (2014), S. 294; Vgl. Von Freyberg/Zeugfang (2014), S. 88 f.; Vgl. Münter (2018), S. 337; Vgl. Vogt (2009), S. 267, 309 f.
[14]Vgl. Dillerup/Stoi (2016), S. 289; Vgl. Becker/Fallgatter (2007), S. 118.
[15]Vgl. Kort (2018), Onlinequelle; Vgl. Handelsblatt (2017), Onlinequelle; Vgl. Handelsblatt (2014), Onlinequelle; Vgl. Sweney (2017), Onlinequelle.

Netflix die Schwäche der mangelnden Kundenloyalität beseitigen und dazu Kundenbindungsprogramme aufzubauen. Die passende Normstrategie könnte wie folgt lauten:

Increase customer loyalty and reduce dependency on providers
Strengths-Threats-Strategien
Die Strengths-Threats-Strategien beabsichtigen die Nutzung von internen Stärken, um Bedrohungen von außen abzuwenden. Das Ziel ist eine umfängliche Risikoabsicherung und die Minderung etwaiger Auswirkungen jener Risiken.[16] Für Spotify bedeutet dies praktisch, dass der hohe Marktanteil genutzt werden kann, um das Risiko, das durch neue Wettbewerber entstehen könnte, zu minimieren, indem der eigene Marktanteil weiter ausgebaut wird. Die passende Normstrategie könnte wie folgt lauten:

Exploit the market share in order to create a market entry barrier
Für Netflix gewährt dieser Strategietyp die Chance, den hohen Marktanteil und die internationale Bekanntheit zu nutzen, um weiter zu wachsen, sodass der Markteintritt für neue Wettbewerber unattraktiv wird. Das Wachstum des Unternehmens erfolgt über neue Kunden, indem die Ausrichtung des Angebotes an neuen Zielgruppen und Ländern sowie an individuellen Kundenbedürfnissen erfolgt.[17] Außerdem kann das Risiko der Lizenzverluste reduziert werden, indem Netflix weiterhin auf erfolgreiche Eigenproduktionen in sehr guter Qualität setzt und diese Sparte weiter ausbaut. Die Normstrategie könnte lauten:

Avoid license losses through in-house productions
Weaknesses-Threats-Strategien
Ergänzend haben die Weaknesses-Threats-Strategien zum Ziel, unternehmensinterne Schwächen zu beseitigen, um das Risikoausmaß zu verringern. Solche Strategien werden als Defensivstrategien verstanden.[18] Eine Schwäche eines voll digitalisierten Unternehmens – Spotify und Netflix sind solche Unternehmen – ist die Cyber-Sicherheit. Durch signifikant hohe Sicherheitsstandards können die Auswirkungen von Cyber-Angriffen minimiert, vielleicht sogar gänzlich verhindert werden. Mit steigendem Digitalisierungsgrad steigt das Risiko von Cyber-Kriminalität.[19] Im Jahr 2020 war Spotify ein Opfer eines solchen Angriffs.

---

[16]Vgl. Dillerup/Stoi (2016), S. 289; Vgl. Von Freyberg/Zeugfang (2014), S. 88 f.
[17]Vgl. Büchel/Rusche (2020), S. 16.
[18]Vgl. Dillerup/Stoi (2016), S. 289; Vgl. Von Freyberg/Zeugfang (2014), S. 88 f.
[19]Vgl. Bundesamt für Sicherheit in der Informationstechnik (2016), Onlinequelle, S. 3–9.

Hierbei wurden *350.000 Zugangsdaten* gestohlen.[20] Die Normstrategie in diesem
Kontext könnte für Spotify und Netflix wie folgt vorgeschlagen werden:

Close security gaps and increase internal security measures.
Die Ableitung strategischer Vorgehensweisen mittels der SWOT-Analyse ist in der
Praxis weit verbreitet und einfach durchzuführen. Die vorab genannten Strategien
schließen sich nicht gegenseitig aus und sollten simultan verwendet werden, um
nachhaltige Handlungsvorschläge zu entwickeln.[21] Im Folgenden wird die SWOT-
Analyse über die Unternehmens- und Umweltanalyse konkret an den Beispielen von
Spotify und Netflix durchgeführt. Die beispielhaften Normstrategien, die in diesem
Kapitel genannt sind, stehen dabei in direktem Zusammenhang mit der folgenden
Unternehmens- und Umweltanalyse zu beiden Unternehmen.

---

[20]Vgl. Axel Springer Mediahouse Berlin GmbH (2020), Onlinequelle.
[21]Vgl. Wheelen/Hunger (2012), S. 230, zitiert nach von Freyberg/Zeugfang (2014), S. 89.

Strategische Analyse von Spotify

6

6.1 Unternehmensanalyse von Spotify

Die strategische Analyse des Streamingdienstes Spotify beginnt mit der Erörterung der Stärken und Schwächen zur Unternehmensanalyse. Die Stärken von Spotify sind in Abb. 6.1 benannt.

Reichweite und Branding
Große Reichweite und **starkes Branding** zeichnen Spotify aus, wodurch das Unternehmen schnell von potenziellen Kunden gefunden werden kann. Die einfache Erreichbarkeit basiert nicht nur auf der signifikanten Reichweite, sondern auch auf technologischen Vorteilen – beispielsweise auf Basis von Streaming-Vorschlägen durch *Machine Learning*. Das Machine Learning (auch Deep Learning oder Advanced Analytics) bezeichnet Methoden zur automatisierten Erkennung von Mustern und Zusammenhängen.[1] Die Personalisierung durch das Machine Learning erfolgt hierbei in Echtzeit. Durch diese Stufe der Digitalisierung profitiert Spotify als informationsnahes Medienunternehmen.[2] Clayton Christensen´s (1997) *Innovator´s Dilemma* beschreibt im Zuge dessen, dass etablierte Unternehmen und sogar ganze Branchen an den vermeintlichen Kompetenzen festhalten, wodurch die Weiterentwicklung des Unternehmens bzw. des Geschäftsmodells behindert oder sogar gestoppt wird.[3] Beispielhaft hierfür sei der rapide Verfall der Nachfrage an klassischen Tonträgern zu nennen. In den Jahren 2020 und 2021 zeigt sich auch, wie schwer es dem unbeweglichen, staatlichen Schulsystem fällt, eine adäquate

---

[1] Vgl. Sesler/Georg (2020), S. 57.
[2] Vgl. Spotify Engineering (2020), Onlinequelle; Vgl. Scheer (2020), S. 7 f.
[3] Vgl. Scheer (2020), S. 6; Vgl. Christensen (1997), Onlinequelle.

© Der/die Autor(en), exklusiv lizenziert durch Springer Fachmedien Wiesbaden GmbH, ein Teil von Springer Nature 2021
T. Derr et al., *Die disruptive Innovation durch Streamingdienste*, essentials,
https://doi.org/10.1007/978-3-658-34011-7_6

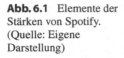

Abb. 6.1 Elemente der
Stärken von Spotify.
(Quelle: Eigene
Darstellung)

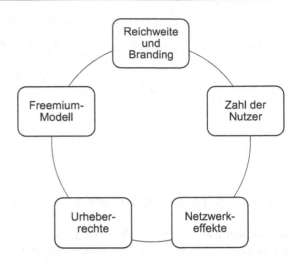

Online-Lehre für Schulkinder anzubieten, weil es in vielen Fällen der notwendigen
Anpassung der Lehrmethodik nicht gewachsen ist. Private Bildungsträger, die weit
weniger schwerfällig agieren, ergreifen dagegen direkt die Chance und stellen ihr
Bildungsangebot auf hochwertige Online-Angebote um.

Nutzerzahl
Eine weitere Stärke Spotify's ist die **dauerhaft anwachsende Nutzerzahl,** die in
besonderem Maße ins Auge fällt. Diese Stärke führt dazu, dass kleinere Audio-
Streaming-Dienste – wenn überhaupt – nur eine marginale Chance haben, um
ihr Angebot erfolgreich zu etablieren und zu skalieren. Hierdurch wird eine
Markteintritts- und Entwicklungsbarriere geschaffen, die es Spotify erlaubt, gewon-
nene Nutzer langfristig zu binden. Letztendlich weist das Unternehmen dadurch eine
umfassende Marktmacht auf, bei welcher die internen strategischen Stärken genutzt
werden können, ohne dass die Konkurrenz diese nutzen kann.[4]

Netzwerkeffekte
Ferner führen die vorab genannten Stärken auf direktem Weg zu einer weiteren
Stärke: **nachfrageseitig direkte Netzwerkeffekte.** Durch die große Reichweite, das
starke Branding und die dauerhaft anwachsende Nutzerzahl können die Fixkosten,

---

[4]Vgl. Münter (2018), S. 241 f.; Vgl. Spotify Technology S.A. (2020d), Onlinequelle.

ausgedrückt als Kosten pro Nutzer, minimiert werden. Durch diese Netzwerkeffekte steigert Spotify so die eigene Profitabilität.[5]

Urheberrechte
Außerdem muss der Streamingdienst für **Urheberrechte** an Musik, Podcasts und weiteren Medien nur einen geringen Betrag zahlen, wodurch eine direkte Stärke entsteht, da die Kosten für die Bereitstellung der Streamingleistung, die ohnehin nur bei Nutzung entstehen, niedrig sind. Spotify generierte darüber hinaus im Jahr 2018 durch den Aufkauf des Musikrechte-Lizenzdienstes Loudr weitere direkte Netzwerkeffekte. Inzwischen werden bereits 60 % aller Musikumsätze durch Streamingdienste – allen voran Spotify – erwirtschaftet.[6]

Freemium-Modell
Zuletzt stellt das **Freemium-Modell** eine weitere wichtige Stärke des Anbieters dar, da die Nutzer somit den Dienst testen und langfristig zum Premium-Modell wechseln können. Durch das Modell entstehen weitere direkte Netzwerkeffekte, da es Spotify auf diesem Weg gelingt, die kritische Masse an Nutzern zu steigern.[7] Aber auch die Free-Version bringt dem Unternehmen Geld, denn die für den Nutzer kostenlose Version wird mittels geschalteter Werbung finanziert.

Zweifellos zeigt aber auch das Geschäftsmodell des Unternehmens Spotify konkrete Schwächen auf, die in Abb. 6.2 zusammengefasst sind.

Qualität der Internetverbindung
Die **hohe Abhängigkeit** der Leistung von der **Internetverbindung** der Nutzer und die damit einhergehenden Probleme auf Märkten mit schwacher Internetverbindung stellt eine Schwäche des Unternehmens dar. Spotify´s Leistungsangebot kann nur bei einer gut funktionierenden Internetverbindung auf der Kundenseite bereitgestellt werden. In Ländern und Regionen, in denen die Internetverbindung nicht optimiert ist, können Verzögerungen der Leistungserbringung die Folge sein. Der Trend zur weltweiten Verbesserung der Konnektivität verringert jedoch die negativen Auswirkungen dieser Schwäche.[8] Ferner erlaubt die Premium-Version von Spotify das Abspielen von Musik ohne Internetverbindung, wenn diese vorab heruntergeladen worden ist.[9]

---

[5]Vgl. Münter (2018), S. 75, S. 203.
[6]Vgl. Handelsblatt (2018), Onlinequelle.
[7]Vgl. Kumar (2014), S. 27–29; Vgl. Münter (2018), S. 294.
[8]Vgl. Zukunftsinstitut (2012), Onlinequelle; Vgl. Beißel (2016), S. 69.
[9]Vgl. Spotify Technology S.A. (2020e), Onlinequelle.

Abb. 6.2 Elemente der
Schwächen von Spotify.
(Quelle: Eigene
Darstellung)

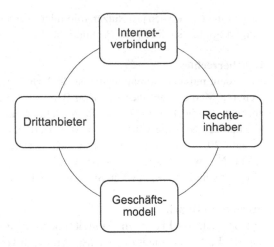

Zahlungsvereinbarungen mit Rechteinhabern
Ein weiteres Problem stellt die Abhängigkeit der Wirtschaftlichkeit des Unternehmens von den **Zahlungsvereinbarungen mit den Rechteinhabern** der Streaming-Titel dar. Somit ist Spotify immer von den Rechteträgern der jeweiligen Titel abhängig, wodurch die Beschaffungsseite für das Unternehmen eine entscheidende Rolle für die Profitabilität des Unternehmens spielt. Letztlich besteht die Gefahr, dass der Deckungsbeitrag – je nach Zahlungsmodalität – pro Streaming-Titel auf Dauer sinken kann.[10]

Abhängigkeit von Drittanbietern
Die **Abhängigkeit von Drittanbietern,** die zum Teil zur Konkurrenz gehören, ist auch als eine interne Schwäche anzusehen, da Spotify über den Apple App Store oder Google Play Store heruntergeladen werden muss, um auf den mobilen Endgeräten genutzt werden zu können. Spotify muss in diesem Zusammenhang auch Gebühren zahlen, um in den jeweiligen Stores gelistet zu werden. Dabei muss Spotify für die Listung im Google Play Store Gebühren in der Höhe von 30 % des Umsatzes entrichten, sodass Google direkt vom Erfolg Spotifys profitiert.[11]

---

[10]Vgl. Spotify AB (2020), Onlinequelle; Vgl. Dury Legal Rechtsanwälte (2013), Onlinequelle.
[11]Vgl. Google Play (2020). Onlinequelle; Apple App Store (2020). Onlinequelle; Vgl. Herbig (2020). Onlinequelle.

Imitierung des Geschäftsmodells
Und schließlich sei auch noch das **Geschäftsmodell** selbst als Schwäche zu identifizieren, denn prinzipiell ist es leicht zu imitieren. Jedoch verfügt Spotify über eine enorme Marktmacht, sodass die Eintrittsbarriere für Mitbewerber relativ hoch ist.

6.2 Umweltanalyse von Spotify

Im Rahmen der Umweltanalyse werden zuerst die potenziellen Chancen von Spotify erörtert, die in Abb. 6.3 zusammengestellt sind.

Neue Partnerschaften
Der Streamingdienst verfügt über die Möglichkeit zum Wachstum durch **neue Partnerschaften** mit anderen Unternehmen – beispielsweise mit IT-Unternehmen (*Cyber-Security*) oder Smartphone-Herstellern. Diese Partnerschaften können dazu dienen, die Marktführerschaft weiter auszubauen oder die Stabilität des Streamings durch neue Technologien zu verbessern. Spotify führt bereits mit dem für mobile Endgeräte wichtigen Hersteller Samsung eine solche Partnerschaft, wodurch ein signifikanter Vorteil gegenüber Apple Music auf Samsung-Endgeräten generiert wurde, indem Spotify zum Standard-Streaming-Dienst auf diesen Geräten wurde.

Abb. 6.3 Elemente der Chancen von Spotify. (Quelle: Eigene Darstellung)

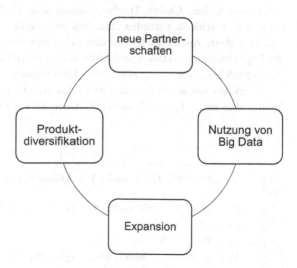

Diese Partnerschaft kann durchaus als Angriffsstrategie gegenüber Apple inter-
pretiert werden.[12] Darüber hinaus konnte Spotify den berühmten Podcast *The Joe
Rogan Experience* exklusiv für sich gewinnen, wodurch der Konkurrent YouTube
sofort geschwächt wurde.[13]

Produktdiversifikation
Auch die **Produktdiversifikation der Onlinedienste** bietet Chancen, um innovative Leistungen für neue oder bestehende Marktsegmente bereitzustellen. Spotify
könnte neuen digitalen Content – beispielsweise digitale Interviews mit berühmten
Persönlichkeiten oder interaktive Spiele – anbieten, um die Multimedialität weiter
auszubauen. Das Unternehmen verfolgt damit den *Lock-in-Effekt,* der darauf abzielt,
dass neue Technologien zum Standard der Branche werden können.[14]

Nutzung von Big Data
Verbesserung des Streamingdienstes sind auch durch **Big Data** und **Artificial Intelligence** möglich. So könnte Spotify mittels einer künstlichen Intelligenz die enorme
Fülle an Daten exakter auswerten, sodass den Nutzern passendere Empfehlungen
zu diversen Streaming-Medien vorgeschlagen werden könnten, als das noch heute
der Fall ist.[15]

Expansion
Potenzielles Wachstum durch **Expansion** in neue Musik-Streaming-Märkte bietet
zudem eine weitere Chance. Hierbei könnten neue Märkte, die bisher von Spotify
noch nicht erschlossen worden sind, betreten werden, um zusätzliche Marktanteile zu sichern. Auch Entwicklungsländer erleben einen Aufschwung hinsichtlich
der Digitalisierung, sodass Spotify früh die Marktführerschaft gewinnen könnte;
immerhin leben mehr als die Hälfte aller Internetnutzer in Entwicklungsländern.[16]

Neben den genannten Chancen weist das Geschäftsmodell des Unternehmens
Spotify aber auch folgende Risiken auf, die in Abb. 6.4 thematisiert sind.

---

[12]Vgl. Kyriasoglu (2018), Onlinequelle; Vgl. Münter (2018), S. 150, zitiert nach Geroski
1998, S. 15.
[13]Vgl. BBC News (2020), Onlinequelle; Vgl. The New York Times (2020), Onlinequelle.
[14]Vgl. Münter (2018), S. 153.
[15]Vgl. Scheer (2020), S. 15.
[16]Vgl. Wulfers (2019), Onlinequelle; Vgl. Pätzold (2019), S. 18 f.; Vgl.
Lemke/Brenner/Kirchner (2017), S. 187.

Abb. 6.4 Elemente der
Risiken von Spotify.
(Quelle: Eigene
Darstellung)

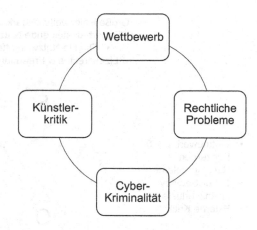

Wettbewerb
Der direkte **Wettbewerb** mit den **größten Technologie-Konzernen** – wie beispielsweise Apple, Google und Amazon – führt dazu, dass Spotify ein hohes Budget investieren muss, um die Marktposition zu halten. Während die großen Technologie-Konzerne unabhängig von den Streaming-Dienstleistungen bereits über enorme Netzwerkeffekte verfügen, muss Spotify mit dem reinen Streamingangebot überzeugen. Spotify sollte zum Ziel haben, mehr in Forschung und Entwicklung zu investieren, um das Streamingangebot zu verbessern und zu erweitern.[17]

Rechtliche Probleme
Rechtliche Probleme in Bezug auf die Urheberrechte an den jeweiligen Streaming-Titeln stellen ein weiteres Risiko für das Unternehmen dar. Des Weiteren führte Spotify beispielsweise einen Rechtsstreit mit Apple über die Gebühren der App-Bereitstellung im Apple Store.[18]

Cyber-Kriminalität
Ein weiteres, schwerwiegendes Risiko für Streamingdienstleister bildet die Gefahr des **Angriffs von Cyber-Kriminellen.** Da Spotify als digitales Unternehmen agiert, müssen für das Unternehmen die Sicherheitsvorkehrungen von signifikanter Bedeutung sein, sodass Cyber-Angriffe möglichst abgewehrt werden können. Durch

---

[17]Vgl. Münter (2018), S. 156.
[18]Vgl. Becker (2019), Onlinequelle; Vgl. manager magazin (2019), Onlinequelle.

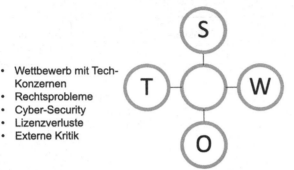

- Große Reichweite & starkes Branding
- Dauerhaft steigende Nutzeranzahl
- Direkte Netzwerkeffekte
- Lizenzrechte & Freemium-Modell

- Wettbewerb mit Tech-Konzernen
- Rechtsprobleme
- Cyber-Security
- Lizenzverluste
- Externe Kritik

- Nachahmbares Geschäftsmodell
- Abhängigkeit von Providern
- Zahlungsmodalitäten
- Abhängigkeit von Drittanbietern

- Expansion
- Neue Partnerschaften
- Produktdiversifikation
- Big Data & Machine Learning

Abb. 6.5 Ergebnisse der SWOT-Analyse von Spotify. (Quelle: Eigene Darstellung)

solche Angriffe könnten sensible Nutzerdaten gestohlen werden, was zu einem enormen Reputationsverlust führen würde.[19]

Künstlerkritik
Schließlich ist auch die **externe Kritik** vonseiten der Künstler und Stakeholder als Risiko zu benennen. Künstler bemängeln die geringen Vergütungen von Spotify an die Künstler und Rechteinhaber. In der Vergangenheit führten diese Auseinandersetzungen auch bereits zu Klagen.[20]

In Abb. 6.5 sind die Stärken, Schwächen, Chancen und Risiken von Spotify zusammengefasst.

---

[19]Vgl. Rürup/Jung (2017), S. 18.
[20]Vgl. Bauer (2018), Onlinequelle.

Strategische Analyse von Netflix 7

7.1 Unternehmensanalyse von Netflix

Nach der Analyse von Spotify im vorangehenden Kapitel wird nun der Erfolg von Netflix in gleicher Weise untersucht. Im Mittelpunkt dieses Unterkapitels stehen als Teil der Unternehmensanalyse zunächst die Stärken von Netflix, die in Abb. 7.1 charakterisiert sind.

Wachstum
Exponentielles Wachstum stärkt die Marktposition des Unternehmens: In den letzten zehn Jahren ist Netflix kontinuierlich gewachsen.[1] Die Medien- und Entertainmentbranche weist im Bereich der *Sharing Economy* die höchsten Wachstumsraten auf.[2] Als plattformorientiertes Geschäftsmodell kennzeichnet Netflix ein außerordentliches Wachstum, wobei das Unternehmen die bisherigen Marktstrukturen der Branche grundlegend verändert.[3]

Kundenstamm
Über den **internationalen Kundenstamm** ist das Unternehmen unabhängig von nationalen Entwicklungen und Tendenzen: Netflix hat den größten Kundenstamm auf globaler Ebene. Aufgrund dessen hat Netflix eine starke Verhandlungsmacht gegenüber den Produzenten und Studios, um sich exklusive Inhalte zu sichern.[4]

---

[1] Vgl. Business Strategy Hub (2019), Onlinequelle.
[2] Vgl. PwC-Report (2018), zitiert nach Kollmann (2019), S. 275.
[3] Vgl. Evans/Gawer (2016) zitiert nach Haller/Wissing (2018), S. 169.
[4] Vgl. Business Strategy Hub (2019), Onlinequelle.

© Der/die Autor(en), exklusiv lizenziert durch Springer Fachmedien Wiesbaden GmbH, ein Teil von Springer Nature 2021
T. Derr et al., *Die disruptive Innovation durch Streamingdienste*, essentials,
https://doi.org/10.1007/978-3-658-34011-7_7

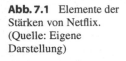

Abb. 7.1 Elemente der
Stärken von Netflix.
(Quelle: Eigene
Darstellung)

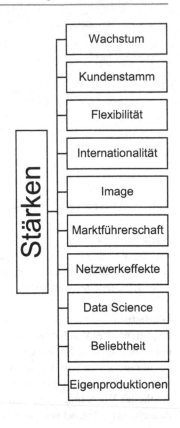

Flexibilität

Das Angebot des Unternehmens zeichnet sich durch ein großes Maß an **Freiheit und Flexibilität** aus: Nutzer können die personalisierten Inhalte auf jedem Endgerät, zu jeder Zeit und von jedem Ort aus ansehen, pausieren und fortsetzen. Insbesondere müssen keine *Prime-Time-Slots* beachtet werden. Aufgrund der Flatrate können Nutzer die Angebote so viel und so lange ansehen, wie sie möchten. Vor allem sind die Streaming-Leistungen nicht durch Werbung unterbrochen. Der Zugang kann zudem mit Freunden und Familie geteilt werden. Und ganz entscheidend für viele Nutzer: Die *Usability* (Technik und Oberflächen-Design) ist sehr einfach zu handhaben.[5]

---

[5]Vgl. Netflix (2020b), Onlinequelle.

Internationalität
Auch die **internationale Marktausrichtung** des Unternehmens zählt zu den Stärken: Netflix bietet eine sehr große Produktpalette an – viele Genres sind in 190 Ländern und in über 30 Sprachen abrufbar.

Image
Netflix weist ein ausgezeichnetes **Image** auf: Der hohe Markenwert und die internationale Bekanntheit von Netflix tragen zu den Stärken des Unternehmens bei. Hinzu kommt die Erstellung und Bereitstellung von Originalinhalten.[6] Im Jahr 2019 wurde Netflix von Forbes sogar auf Platz vier der weltweit angesehensten Unternehmen eingestuft.[7]

Marktführerschaft
Außerdem gehört die bereits erreichte **Marktführerschaft** des Unternehmens zu dessen Stärken: Hinsichtlich der täglichen Nutzung weist Netflix in Deutschland zum Beispiel einen Anteil von 59 % gegenüber Amazon Prime Video mit lediglich 36 % auf.[8] International ist Netflix der Marktführer von Videostreamingdienstleistungen mit etwa 63 % Marktanteil.[9] In den USA wird dieser Markt derzeit von vier Anbietern dominiert. Demnach hat Netflix mit 31 % den größten Marktanteil im US-Streaming-Markt, gefolgt von YouTube mit 21 %. Hulu erreicht immerhin 12 %, und Amazon erzielt in den Vereinigten Staaten von Amerika lediglich 8 % Marktanteil. Sonstige Anbieter halten die insgesamt 28 % verbleibenden Marktanteile.[10] In den Folgejahren ist jedoch auch damit zu rechnen, dass Disney mit seinem eigenen Angebot an Bedeutung gewinnen wird.

Netzwerkeffekte
Darüber hinaus profitiert Netflix von **gegenseitigen Märkten und Netzwerkeffekten.** Dadurch kann das Unternehmen die Effektivität, die Service-Attraktivität und das Geschäftswachstum maximieren. Wenn beispielsweise die Ersteller von Unterhaltungsinhalten auf der Plattform zunehmen, zieht der Dienst eine größere Anzahl von Verbrauchern an, die wiederum mehr Produzenten anziehen.[11]

---

[6]Vgl. Rivera (2019), Onlinequelle.
[7]Vgl. Business Strategy Hub (2019), Onlinequelle.
[8]Vgl. Goldmedia GmbH (2019), Onlinequelle.
[9]Vgl. Parrot Analytics (2019), Onlinequelle.
[10]Vgl. Nielsen (2020), zitiert nach Büchel/Rusche (2020), S. 20.
[11]Vgl. Rivera (2019), Onlinequelle.

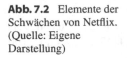

Abb. 7.2 Elemente der
Schwächen von Netflix.
(Quelle: Eigene
Darstellung)

Data Science
Auch die Möglichkeiten von **Data Science** schaffen für das Unternehmen indivi-
duelle Stärken: Netflix kann durch die Sammlung von Daten und Analysen zu den
Verhaltensmustern der Nutzer Informationen generieren, um Marktforschung oder
Produktverbesserungen durchzuführen. Damit hat Netflix gegenüber klassischen
Fernsehsendern, die überwiegend weniger Daten von Zuschauern zur Verfügung
haben, einen großen Vorteil.[12]

Beliebtheit
Das Unternehmen gilt als **beliebtester Arbeitgeber:** Einer Umfrage im Jahr 2018
zufolge wurde Netflix in den USA als beliebtester Arbeitgeber bewertet und dies
vor Google, Tesla und nicht zuletzt Apple.[13]

Eigenproduktionen
Eigenproduktionen stärken das Angebot: Netflix ist mit seinen Eigenproduktionen sehr erfolgreich und steigert somit die kundenseitige Nachfrage, da die
Eigenproduktionen nur auf Netflix zu sehen sind.
   Auch das Geschäftsmodell des Unternehmens Netflix weist – ebenso wie das
von Spotify – Schwächen auf. Die wichtigsten davon sind nachfolgend in Abb. 7.2
dargestellt.

---

[12]Vgl. Büchel/Rusche (2020), S. 25.
[13]Vgl. Hired (2018) zitiert nach Hastings/Meyer (2020), S. 14–15.

Nachahmbarkeit
Wettbewerber könnten das Geschäftsmodell jederzeit identisch kopieren. Allerdings ist dazu ein hoher Kapitaleinsatz notwendig, da ernstzunehmende Wettbewerber umfangreiche Rechte erwerben müssen.

Abhängigkeit von Produzenten
Die **Abhängigkeit von Film-Produzenten** gilt als eine weitere Schwäche. Ein Streamingdienst wie Netflix ist immer abhängig von der Qualität der zu streamenden Inhalte.[14] Denn nur mit überzeugenden Inhalten lassen sich auch die Kunden überzeugen.

Abhängigkeit von Providern
Darüber hinaus hängt das Geschäftsmodell von der Qualität der Leistungen von Internet Service Providern (ISPs) ab, die die Konnektivitätsgeschwindigkeit der Kunden bestimmen. Dies ist ein entscheidender Faktor im Hinblick auf die Kundenzufriedenheit des Netflix-Service und stellt eine strategische Herausforderung für das Unternehmen dar, da die Kunden ruckelfreie Filme sehen wollen.[15]

Kundenloyalität
Die Nutzer haben oftmals parallel mehrere Abonnements bei diversen Streamingdiensten abgeschlossen. Eine Preiserhöhung oder das nicht Vorhandensein neuer Inhalte können zur Kündigung bzw. Abwanderung zu Wettbewerbern führen.[16] Auch neue Wettbewerber gefährden die **Kundenloyalität.**

Preisgestaltung
Derzeit bietet Netflix für einzelne Zielgruppen kein differenziertes Abo-Angebot (zum Beispiel keine Studentenrabatte) und beherrscht den Markt mit einer **starren Preisgestaltung.** Lediglich Angebote zur Integration unterschiedlich vieler Endgeräte werden gemacht. Insbesondere gibt es auch kein werbefinanziertes Gratisangebot für Nutzer, das gegebenenfalls auf einen kurzen Zeitraum begrenzt sein könnte, um Nutzern die Gelegenheit zu geben, in das Angebot von Netflix reinzuschnuppern.

---

[14]Vgl. Rivera (2019), Onlinequelle.
[15]Vgl. Rivera (2019), Onlinequelle.
[16]Vgl. Büchel/Rusche (2020), S. 21.

Geoblocking
Geoblocking und eingeschränkte Urheberrechte verhindern derzeit das grenz-
überschreitende Streaming von Inhalten. Lizensierungen sind oftmals zeitlich
begrenzt und stehen den Nutzern nach Ablauf der Lizenz nicht mehr zur Verfügung.[17]

7.2   Umweltanalyse von Netflix

Zur SWOT-Analyse gehört neben der Unternehmensanalyse auch die Umweltanalyse. Auch zum Unternehmen Netflix startet diese mit den potenziellen Chancen
des Unternehmens, welche in Abb. 7.3 veranschaulicht sind.

Technischer Fortschritt
Technischer Fortschritt schafft mehr Möglichkeiten: Das Internet wird schneller
und zuverlässiger, während die Verbreitung verbundener Geräte wie Smart-TVs und
Smartphones ebenfalls zunimmt. Prognosen zufolge können zukünftig alleine in den
USA noch 60 bis 90 Mio. neue Mitglieder generiert werden.[18] Die Etablierung des
5G-Standards zur Datenübertragung verbessert zudem die Internetgeschwindigkeit
und somit die Möglichkeiten des Streamings. Dadurch kann dann auch Netflix
die Streaming-Qualität seines Angebots als Folge des technologischen Fortschritts
verbessern.[19]

Strategische Allianzen
Strategische Allianzen sichern die Marktposition des Unternehmens. Netflix kann
es aufgrund seiner schon jetzt hohen Bedeutung für den Streaming-Markt gelin-
gen, mit diversen Telekommunikationsanbietern wie Vodafone oder der Telekom
Bundle-Pakete weiter ausbauen, um so den Marktanteil weiter zu erhöhen.[20]

Neue Kundengruppen
Neue Kundengruppen können erschlossen werden. Ältere Konsumenten bilden einen lukrativen und bisher unerschlossenen Markt, da diese bisher weniger

---

[17]Vgl. Business Strategy Hub (2019), Onlinequelle.
[18]Vgl. Netflix (2020b), Onlinequelle.
[19]Vgl. Geiger (2020), Onlinequelle.
[20]Vgl. Business Strategy Hub (2019), Onlinequelle.; Vgl. Handelsblatt (2014), Onlinequelle.

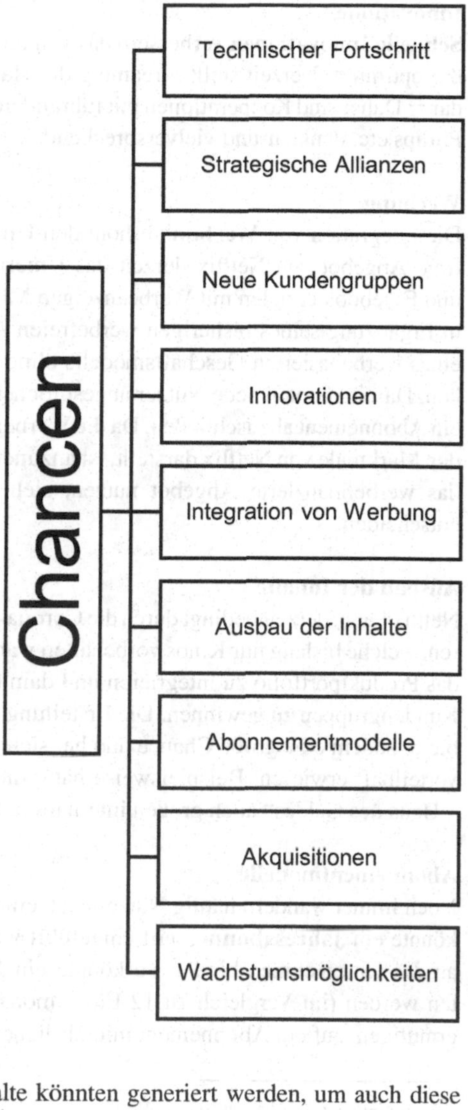

Abb. 7.3 Elemente der
Chancen von Netflix.
(Quelle: Eigene
Darstellung)

Technischer Fortschritt

Strategische Allianzen

Neue Kundengruppen

Innovationen

Chancen

Integration von Werbung

Ausbau der Inhalte

Abonnementmodelle

Akquisitionen

Wachstumsmöglichkeiten

Filme streamen. Entsprechende Inhalte könnten generiert werden, um auch diese Konsumentengruppe anzusprechen.[21]

---

[21] Vgl. Büchel/Rusche (2020), S. 18–19.

Innovationen
Schnelle Innovationen verbessern das Angebot. Streaming-Apps werden regelmäßig optimiert. Derzeit stellt Streaming die Hauptquelle für UHD 4K-Videoinhalte dar.[22] Daher sind Kooperationen mit führenden Smart-TV Herstellern wie Samsung, Philips etc. denkbar und vielversprechend.

Werbung
Die Integration von **Werbung** erhöht den Umsatz. Sicherlich zeichnet das werbefreie Angebot von Netflix derzeit das Unternehmen aus. Aber Google, Amazon und Facebook erzielen mit Werbeanzeigen Milliardenumsätze.[23] So könnte Netflix in Ergänzung seines bisherigen werbefreien Angebots die zusätzliche Einführung eines werbebasierten Geschäftsmodells ohne Grundgebühr für den Nutzer andenken. Damit könnten neue Nutzer angesprochen werden, die sich zunächst scheuen, ein Abonnement abzuschließen. Da die Werbefreiheit jedoch eines der herausragenden Markmale von Netflix darstellt, ist anzunehmen, dass viele Nutzer, die zunächst das werbefinanzierte Angebot nutzen, sich im Anschluss für das Abo-Modell entscheiden.

Ausbau der Inhalte
Netflix kann, derzeit bedingt durch die Corona-Pandemie, Film-Lizensierungen kaufen, welche bislang nur Kinos vorbehalten waren,[24] um hochwertige Blockbuster in das Produktportfolio zu integrieren und damit über den **Ausbau der Inhalte** neue Kundengruppen zu gewinnen. Die Erstellung weiterer regionenspezifischer Inhalte bietet zudem eine große Chance und hat sich auch in der Vergangenheit bereits als vorteilhaft erwiesen. Beispielsweise hatte die spanische Serie „La Casa de Papel – Haus des Geldes" auch großen internationalen Erfolg zu verzeichnen.[25]

Abonnementmodelle
Noch immer wandern häufig Nutzer nach einem Monat ab. Um dies zu verhindern, könnte ein **Jahresabonnement** eingeführt werden, welches die Nutzer langfristig an das Unternehmen bindet. So könnte ein Jahresabonnement günstiger angeboten werden (im Vergleich zu 12 Einzelmonaten), um monatliche Abonnenten zu ermutigen, auf ein Abonnement mit jährlicher Kündigungsfrist umzusteigen.[26]

---

[22]Vgl. Netflix (2020b), Onlinequelle.
[23]Vgl. Business Strategy Hub (2019), Onlinequelle.
[24]Vgl. Polywka (2020), Onlinequelle.; Vgl. Wollner/Wilhelm (2020), Onlinequelle.
[25]Vgl. Business Strategy Hub (2019), Onlinequelle.; Vgl. Jones (2020), Onlinequelle.
[26]Vgl. Mansholt (2019), Onlinequelle; Vgl. Business Strategy Hub (2019), Onlinequelle.

Abb. 7.4 Elemente der
Risiken von Netflix.
(Quelle: Eigene
Darstellung)

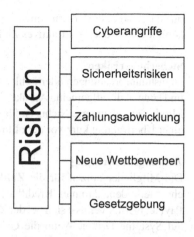

Akquisitionen

Eine mögliche Strategie für Netflix besteht auch darin, über **Akquisitionen** in einen anderen angrenzenden Markt einzutreten und dessen Infrastruktur zu nutzen. Ein Beispiel hierfür wäre, einen Musik-Streaming-Unternehmen wie Deezer zu erwerben.[27]

Wachstumsmöglichkeiten

Um mehr Marktanteile zu generieren und damit potenzielle **Wachstumsmöglich-keiten** auszuschöpfen, könnten zu den exklusiven Inhalten Senderechte im Bereich beliebter und viel gesehener Sportarten aufgebaut werden, wie zum Beispiel American Football, Eishockey oder Fußball.[28] So zählen die Sportübertragungen von Sky zu den Angebotshighlights des Unternehmens.

Die Umweltanalyse abschließend seien in diesem Kapitel die Risiken des Geschäftsmodells des Unternehmens Netflix aufgeführt. Die folgende Abbildung (Abb. 7.4) zeigt die Risiken auf.

Cyberangriffe

Cyberangriffe krimineller Organisationen können zu einem Verlust oder einer Verschlechterung des Dienstes durch eine unbefugte Offenlegung von Daten führen. Dies kann sich logischerweise nachteilig auf das Unternehmen auswirken – nicht

---

[27]Vgl. Fox (2020), Onlinequelle.
[28]Vgl. Büchel/Rusche (2020), S. 19.

nur das Image des Unternehmens betreffend. Und durch die hohe Bekanntheit ist Netflix ein besonders attraktives Ziel für Hacker.[29]

Sicherheitsrisiken
Dienstunterbrechungen oder Fehler in der Software stellen **Sicherheitsrisiken** dar und können die allgemeine Attraktivität der Services für bestehende und potenzielle Mitglieder verringern. Nichts ist für den Kunden ärgerlicher als die Unterbrechung einer Übertragung kurz vor dem filmischen Höhepunkt.

Zahlungsabwicklung
Die Mitglieder nutzen für die **Zahlungsabwicklungen** an Netflix unterschiedliche Methoden, darunter Kreditkarten, Prepaid-Karten, Lastschriftverfahren und PayPal. Netflix verlässt sich bei der Zahlungsabwicklung auf interne Systeme sowie auf Systeme Dritter. Wenn die Gebühren der Dienstleister für Zahlungsabwicklungen steigen oder wesentliche Änderungen im Zahlungsumfeld auftreten – wie beispielsweise Verzögerungen beim Empfang der Zahlungen von Zahlungsabwicklern, Änderungen der Regeln oder Vorschriften in Bezug auf Zahlungen, Verlust von Zahlungspartnern und/oder Störungen sowie Ausfälle bei Zahlungsverarbeitungssystemen – können die Einnahmen verzögert eintreffen oder im Extremfall sogar ausbleiben.[30]

Neue Wettbewerber
Die Konkurrenz für Netflix ist immens. Zu den bereits seit Jahren etablierten **Wettbewerbern** wie Amazon und Sky kommen neuerdings auch Konzerne wie Apple TV+ und Disney+ hinzu.[31] Laut Analysen aus dem Jahr 2019 sind die beliebtesten Video-on-Demand-Dienste in Deutschland Amazon Prime Video mit 46,9 % Marktanteil, gefolgt von Netflix mit 35,7 % und Sky Ticket mit 5,9 %.[32] Weitere Wettbewerber sind das klassische (lineare) Fernsehen, Pay-per-View-Inhalte, das Angebot von YouTube, DVD-Videos, Videospiele und auch die illegale Videopiraterie.[33] Abb. 7.5 verdeutlicht die Verteilung der Marktanteile der Video-on-Demand-Dienstleister in Deutschland.

---

[29] Vgl. Jahresbericht Netflix, Inc. (2019), Onlinequelle.

[30] Vgl. Jahresbericht Netflix, Inc. (2019), Onlinequelle.

[31] Vgl. Jerzy (2019), Onlinequelle.; Vgl. Verlag Werben & Verkaufen GmbH (2020), Onlinequelle.

[32] Vgl. Goldmedia GmbH (2019), Onlinequelle.

[33] Vgl. Netflix, Inc. (2020b), Onlinequelle.

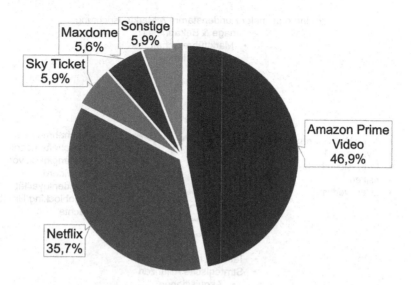

■ Amazon Prime Video   ■ Netflix   ■ Sky Ticket   ■ Maxdome   ■ Sonstige

Abb. 7.5   Marktanteile Deutschland von Netflix im Jahr 2019. (Quelle: Eigene Darstellung, in Anlehnung an Goldmedia GmbH (2019), Onlinequelle)

Gesetzgebung
Die **Gesetzgebung** der einzelnen Länder, Lizenzverluste und der Verlust von Kooperationen, beispielsweise durch Marvel, stellen das hier zuletzt genannte Risiko für
das Unternehmen dar.

Zusammenfassend sind in der Abb. 7.6 die wichtigsten Aspekte der Gesamtana-
lyse von Netflix festgehalten.

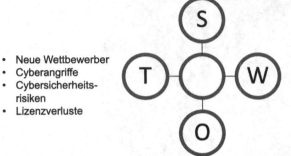

- Internationaler Kundenstamm & Marktausrichtung
  - Image & Bekanntheit
  - Marktführerschaft
  - Data Science

- Neue Wettbewerber
- Cyberangriffe
- Cybersicherheits-
  risiken
- Lizenzverluste

- Nachahmbares
  Geschäftsmodell
- Abhängigkeit von
  Providern
- Kundenloyalität
- Geoblocking/Urheber-
  rechte

- Technischer Fortschritt
- Strategische Allianzen
- Akquisitionen

Abb. 7.6 Ergebnisse der SWOT-Analyse von Netflix. (Quelle: Eigene Darstellung)

Die Auswirkungen der Corona-Pandemie auf die VoD- und Audio-Streaming-Branche

Vor 125 Jahren fand die erste Kinovorführung der Welt in Paris statt und gilt als die Geburtsstunde des Kinos. Jedoch leiden die heutigen Multiplex-Kinocenter zunehmend an Besucherverlusten.[1] Kleine Einzelkinos sowie die beiden größten Kinoketten der Welt *(AMC und Cineworld)* können ihr Bestehen aufgrund der Corona-Pandemie nicht garantieren.[2] Die Zukunft des Kinos ist ungewiss. Faktoren wie der demografische Wandel, technische Entwicklungen und die Digitalisierung in vielen Feldern des täglichen Lebens sowie die inhaltliche Qualität der Filme sind entscheidend für die Zukunftsaussichten der Branche.[3]

Auch dank der Corona-Pandemie hat Netflix die eigene Prognose und die Erwartungen von Analysten 2020 weit übertroffen. So konnten in Zeiten von weitreichenden Kontaktbeschränkungen und Homeoffice eine Vielzahl von Kunden gewonnen werden, sodass Netflix als ein Gewinner in Pandemiezeiten gilt. Im Ergebnis stiegen die Erlöse des Unternehmens schon im ersten Quartal 2020 um rund 28 % im Vergleich zum Vorjahreswert.[4] Es ist abzusehen, dass in den folgenden Jahrzehnten die Streaming-Unterhaltung das lineare Fernsehen ersetzen kann.[5]

Digitale Sprachassistenten wie Google Home und Amazon Echo werden von Verbrauchern immer häufiger genutzt.[6] Die künstliche Intelligenz wird das Verhalten der Nutzer weiter verändern, insbesondere die Art und Weise, auf welcher

---

[1] Vgl. Heise Medien GmbH & Co. KG (2020), Onlinequelle.

[2] Vgl. Sterneborg (2020), Onlinequelle.

[3] Vgl. Prommer (2015), S. 85–86.

[4] Vgl. Der Spiegel (2020), Onlinequelle.

[5] Vgl. Netflix, Inc. (2020b), Onlinequelle.

[6] Vgl. Sens (2018), S. 53.

T. Derr et al., *Die disruptive Innovation durch Streamingdienste*, essentials, https://doi.org/10.1007/978-3-658-34011-7_8

Hardware das Streamingangebot zukünftig abgerufen wird. Es ist nicht ausgeschlossen, dass weitere Akteure den Markt betreten, die zusätzliche Angebote offerieren werden.[7]

Prognosen zufolge wird der Umsatz in der Streamingbranche in Deutschland bis zum Jahr 2024 weiter ansteigen.[8] Eine Marktsättigung für das Streaming von Unterhaltungsmedien ist jedoch derzeit nicht erkennbar, sodass auch über das Jahr 2024 hinaus mit steigenden Umsätzen und Nutzerzahlen zu rechnen ist.

Die Nutzer sehen Filme und hören Musik oder Podcasts nicht nur von zu Hause aus, sondern zunehmend auch unterwegs auf mobilen Endgeräten. Dieses Verhalten erhöht letztlich auch die Zahlungsbereitschaft der Verbraucher – wenn Musik und Filme nicht nur zu Hause, sondern auch auf dem Camping-Platz, in der Pension oder im Hotel ohne Zusatzkosten zu nutzen sind. Wann der Markt für neue Marktteilnehmer und Streamingdienste gesättigt ist, lässt sich deshalb nur schwierig prognostizieren.

Derzeit zeigt sich, dass in der Branche der Streamingdienstleister – anders als bei Suchmaschinen im Internet – (noch) kein eindeutiger Branchenführer zu erkennen ist. Zudem wächst die Branche schnell, und die unternehmensindividuellen Nutzerzahlen können schwanken, zumal Abonnements meist monatlich kündbar sind. So ist die Bereitschaft, zu Wettbewerbern zu wechseln, vergleichsweise groß, wenn nicht ständig neue und personalisierte oder länderspezifische Inhalte zur Verfügung gestellt werden.

Derzeit spielt der Inhalt und das Format bei klassischen Spielfilmen und Serien eine entscheidende Rolle. Zukünftig wird mit neuen Formaten, die die Verhaltensgewohnheiten der Nutzer und den Markt verändern, gerechnet.[9] Auf jeden Fall lässt sich festhalten, dass Netflix das Konsumentenverhalten im Bereich Filme nachhaltig verändert hat.[10]

Am Beispiel des Unternehmens Kodak lässt sich sehr gut erkennen, was passieren kann, wenn sich ehemals solide aufgestellte und erfolgreiche Unternehmen im Hinblick auf die Digitalisierung nicht anpassen können: disruptive Geschäftsmodelle haben Kodak aus dem Markt gedrängt und verschwinden lassen.[11] Daher ist es für etablierte Unternehmen essentiell, sich an der Digitalisierung und dem technologischen Fortschritt zu orientieren.

---

[7]Vgl. Schütte (2019), S. 10.

[8]Vgl. Goldmedia GmbH (2020b), Onlinequelle.

[9]Vgl. Schumacher zitiert nach McKinsey & Company, Inc. (2019), Onlinequelle.

[10]Vgl. Altemeyer/Terstiege (2020), S. 124.

[11]Vgl. Scheer (2020), S. 6.

Die Studie zeigt aber auch, dass moderne Geschäftsmodelle wie das von Spotify dennoch auch Schwächen und Risiken aufweisen. Kein Unternehmenserfolg ist sicher. Allerdings überwiegen die Stärken und Chancen der Streamingdienstanbieter, sodass beispielsweise Spotify das Ziel der Marktführerschaft erreichen konnte. Die dank der Corona-Pandemie schneller fortschreitende Digitalisierung wird den Umfang der Streamingnachfrage weiter erhöhen, wovon Spotify und Netflix profitieren werden. Aber auch auf anderer Ebene zählt Spotify zu den Gewinnern der Corona-Pandemie: Das Unternehmen führte verschiedene Hilfsprogramme ein, um Künstlern, Nutzern und Organisationen zu helfen. So wurde zum Beispiel der *COVID-19-Hub* ins Leben gerufen. Ergänzend wurde das Spendenprogramm *COVID-19 Music Relief* erfolgreich gestartet, das zum Ziel hat, Spendengelder für Bedürftige zu sammeln.[12] So nutzt Spotify die Pandemie aus, um das eigene Image bei Künstlern und Rechteinhabern zu verbessern.

Die gebildeten Normstrategien können letztendlich dazu genutzt werden, eine finale Priorisierung der Strategien nach deren Relevanz zu generieren:

- Die Normstrategien *Take over the innovative competition and create market* und *Exploit the market share in order to create a market entry barrier* sollten simultan durchgeführt werden, da diese große Gemeinsamkeiten aufweisen und den größten Nutzen versprechen.
- Da Spotify und Netflix bereits Opfer eines Cyber-Angriffes waren, ist es naheliegend, dass die Strategie *Close security gaps and increase internal security measures* den nächsten Schritt bildet.
- Zuletzt sollte die Strategie *Improve payment agreements to benefit over the long term* durchgeführt werden, da Zahlungsmodalitäten üblicherweise einem stetigen Wandel unterzogen sind.

In Abb. 8.1 sind geeignete Normstrategien für Spotify zusammengestellt.

Und auch für Netflix lassen sich mögliche Normstrategien definieren, wie sie in der Abb. 8.2 zu sehen sind.

Resümierend bietet die SWOT-Analyse die Chance, einen ersten Iterationsprozess der Strategiebildung zu ermöglichen. Für vollendete Strategien nutzen Unternehmen häufig weitere Strategie-Tools. Jedoch sind die Handlungsvorschläge, die mittels der SWOT-Analyse generiert werden, von einer hohen Subjektivität gekennzeichnet; eine Garantie der angestrebten Ergebnisse kann niemals gegeben werden.

Spotify und Netflix überzeugen derzeit durch die enorme Marktmacht ihres Angebots und den Technologievorsprung. Es handelt sich um Unternehmen, die

---

[12]Vgl. Spotify Technology S.A. (2020 f.), Onlinequelle.

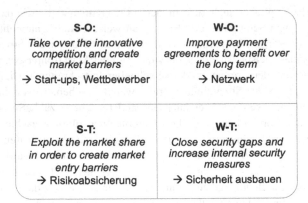

S-O:	W-O:
Take over the innovative competition and create market barriers → Start-ups, Wettbewerber	*Improve payment agreements to benefit over the long term* → Netzwerk
S-T:	W-T:
Exploit the market share in order to create market entry barriers → Risikoabsicherung	*Close security gaps and increase internal security measures* → Sicherheit ausbauen

Abb. 8.1 Normstrategien für Spotify. (Quelle: Eigene Darstellung)

S-O:	W-O:
Marktführer-Position: → Monopol Innovative Technologien / Akquisitionen: → Start-ups, Wettbewerber	Strategische Allianzen mit Providern: → Loyalität erhöhen durch Kundenbindungs- programme
S-T:	W-T:
Wachstum: → Neue Zielgruppen Lizenzverluste vermeiden: → Eigenproduktionen	Cybersicherheit: → Bessere & höhere Sicherheitsstandards verhindern Cyberangriffe

Abb. 8.2 Normstrategien für Netflix. (Quelle: Eigene Darstellung)

durch einen hohen, disruptiven Innovationsgrad gekennzeichnet sind. Klassische Tonträger und Videotheken geraten in Vergessenheit – ausgenommen hiervon sind Sammlerstücke und der Genuss eines Kinoabends. Letztlich verifiziert Spotifys und Netflix´ Erfolg den Sachverhalt der *schöpferischen Zerstörung* gemäß der Schumpeter Innovation: Unternehmen wachsen aufgrund der Annahme der Herausforderungen aufgrund von Innovationen in Krisenzeiten.

Was Sie aus diesem *essential* mitnehmen können

- Wissenschaftlern, Lehrenden, Studierenden und Interessierten bietet dieses Essential einen Einblick in die Thematik der strategischen Analyse aus der Medienwirtschaft.
- Praktikern bietet dieses Essential eine praxiserprobte Anleitung, wie eine SWOT-Analyse mit den kongruenten Normstrategien entwickelt werden kann, so dass das volle Potenztial des Strategie-Tools für das eigene Unternehmen entfaltet werden kann.
- Verständnis über die disruptive Innovation, sowohl hinsichtlich der Chancen, als auch der Risiken, die mit dem Wandel, der durch die Digitalisierung begründet ist, einhergehen.
- Anhand der Marktführer Spotify und Netflix durchgeführte strategische Analyse.

Literatur

Altemeyer, C. / Terstiege, M. (2020). YouTube als aufstrebendes Marketingvehikel für mittelständische B2B- und B2C-Unternehmen – Ein Best-Practice-Vergleich, in: Terstiege, M. (Hrsg.). Digitales Marketing – Erfolgsmodelle aus der Praxis. Konzepte, Instrumente und Strategien im Kontext der Digitalisierung. Wiesbaden: Springer Gabler, S. 123–138.

Apple App Store (2020). Onlinequelle. Spotify – Musik und Playlists im App Store. Erreichbar unter: https://apps.apple.com/de/app/spotify-musik-und-playlists/id3 24684580. Abruf am: 15.01.2021.

Avast Software (2020). Onlinequelle. Was ist Streaming? Erreichbar unter: https://www.avg.com/de/signal/what-is-streaming. Abruf am: 26.12.2020.

Axel Springer Mediahouse Berlin GmbH (2020). Onlinequelle. Hacking-Angriff auf Spotify: 350.000 Zugangsdaten wurden geklaut. Erreichbar unter: https://www.musikexpress.de/hacking-angriff-auf-spotify-350-000-zugangsdaten-wurden-geklaut-1691321/. Abruf am: 02.01.2021.

Axel Springer SE (2018). Onlinequelle. Spotify zahlt kaum etwas für Songs – jetzt gibt´s dafür eine Klage. Erreichbar unter: https://www.bz-berlin.de/panorama/spotify-zahlt-kaum-etwas-fuer-songs-jetzt-gibts-dafuer-eine-klage. Abruf am: 16.01.2021.

BBC News (2020). Onlinequelle. Why Joe Rogan´s exclusive Spotify deal matters. Erreichbar unter: https://www.bbc.com/news/entertainment-arts-52736364. Abruf am: 15.01.2021.

Becker, F., Fallgatter, M. (2007). Strategische Unternehmensführung: eine Einführung – mit Aufgaben und Lösungen. Erich Schmidt Verlag: Berlin.

Beißel, S. (2016). IT-Management: Strategie, Finanzen, Sicherheit. Konstanz und München: UVK Verlag.

Boos, W., Völker, M., Schuh, G. (2011). Grundlagen des Managements produzierender Unternehmen. In: Schuh, G., Kampker, A. (Hrsg.). Handbuch Produktion und Management 1: Strategie und Management produzierender Unternehmen. Springer Verlag: Berlin/Heidelberg.

Bruhn, M. (2019). Marketing: Grundlagen fürs Studium und Praxis. 14. Aufl., Wiesbaden: Springer Gabler.

Bruhn, M., Meffert, H., Hadwich, K. (2019). Handbuch Dienstleistungsmarketing, 2. Aufl., Wiesbaden: Springer.

Büchel/Rusche (2020). Onlinequelle. IW-Report 31/2020: Status quo und Perspektiven von Video-on- Demand in Deutschland. Erreichbar unter: https://www.iwkoeln.de/filead

© Der/die Herausgeber bzw. der/die Autor(en), exklusiv lizenziert durch Springer Fachmedien Wiesbaden GmbH, ein Teil von Springer Nature 2021
T. Derr et al., *Die disruptive Innovation durch Streamingdienste*, essentials, https://doi.org/10.1007/978-3-658-34011-7

min/user_upload/Studien/Report/PDF/2020/IW-Report_2020_Streaming.pdf. Abruf am: 31.12.2020.

Bundesamt für Sicherheit in der Informationstechnik (2016). Onlinequelle. Cybersicherheit als Wettbewerbsvorteil in der Digitalisierung. Bonn. Erreichbar unter: https://www. bsi.bund.de/SharedDocs/Downloads/DE/BSI/Publikationen/Broschueren/Cyber-Sicher heit_als_Wettbewerbsvorteil.pdf?__blob=publicationFile&v=3. Abruf am 02.01.2021.

Business Strategy Hub (2019), Onlinequelle. Netflix SWOT Analysis. Erreichbar unter: https://bstrategyhub.com/swot-analysis-of-netflix-2019-netflix-swot-analysis/. Abruf am: 04.01.2021.

Chip (2021). Onlinequelle. Spotify – wieviele Songs gibt's und wieviele lassen sich speichern? Erreichbar unter: https://praxistipps.chip.de/spotify-wieviele-songs-gibts-und-wie viele-lassen-sich-speichern_91436. Abruf am 02.03.2021.

Christensen, C. (o. J.). Onlinequelle. Disruptive Innovation. Erreichbar unter: https://clayto nchristensen.com/key-concepts/. Abruf am: 23.12.2020.

Christensen, C. M., Matzler K., von den Eichen, S. F. (2011). The Innovator's Dilema. Verlag: Franz Vahlen.

Der Spiegel (2018). Onlinequelle. Wie die Netflix-Story begann. Erreichbar unter: https:// www.spiegel.de/fotostrecke/netflix-wie-die-story-begann-fotostrecke-161492.html. Abruf am: 30.12.2020.

Der Spiegel (2020). Onlinequelle. Corona-Pandemie sorgt für Kundenansturm bei Netflix. Erreichbar unter: https://www.spiegel.de/wirtschaft/unternehmen/corona-pandemie-sorgt-fuer-kundenansturm-bei-netflix-a-ada02c70-2f5f-41ae-9db0-20f8f7c9babd. Abruf am: 30.12.2020.

Der Spiegel GmbH & Co. KG (2019). Onlinequelle. Apple wehrt sich gegen Spotify-Vorwürfe. Erreichbar unter: https://www.spiegel.de/netzwelt/netzpolitik/spotify-beschw erde-bei-eu-kommission-apple-wehrt-sich-a-1273755.html. Abruf am: 16.01.2021.

Dillerup, R., Stoi, R. (2008). Unternehmensführung. München: Verlag Franz Vahlen.

Dillerup, R., Stoi, R. (2016). Unternehmensführung: Management & Leadership, 5. Aufl., München: Vahlen.

Dury Legal Rechtsanwälte (2013). Onlinequelle. Urheberrechtsverstöße bei Spotify? Erreichbar unter: https://www.dury.de/urheber-und-medienrecht/urheberrechtsverstosse-bei-spo tify. Abruf am: 15.01.2021.

Etventure GmbH (2020). Onlinequelle. Erfolgsgarant oder Auslaufmodell – Freemium. Erreichbar unter: https://www.etventure.de/blog/erfolgsgarant-oder-auslaufmo dell-freemium/. Abruf am 26.12.2020.

Finanzen.net GmbH (2020). Onlinequelle. Spotify Aktie: Börse Frankfurt. Erreichbar unter: https://www.finanzen.net/aktien/spotify-aktie@stBoerse_FSE. Abruf am 30.12.2020.

Finanzen.net GmbH (o. J.). Onlinequelle. Netflix Aktie. Erreichbar unter: https://www.fin anzen.net/aktien/netflix-aktie. Abruf am: 26.12.2020.

Fox, G. (2020). Onlinequelle. Netflix SWOT Analysis: Will the Tech Giant Survive Or Thrive? Erreichbar unter: https://www.garyfox.co/netflix-swot-analysis/. Abruf am: 04.01.2021.

Frankfurter Allgemeine Zeitung GmbH (2019). Onlinequelle. Digitale Entwicklung: Der Süden vernetzt sich. Erreichbar unter: https://www.faz.net/aktuell/wirtschaft/die-digitalis ierung-veraendert-die-entwicklungslaender-16130624.html. Abruf am: 15.01.2021.

Geiger, J. (2020). Onlinequelle. 5G-Internet in ganz Deutschland: Diese Apps nutzen schon das volle Tempo aus. Erreichbar unter: https://www.chip.de/news/5G-Internet-must-have-Apps-schnelles-Internet_170621499.html. Abruf am: 04.01.2021.

Gentsch, P. (2018). Künstliche Intelligenz für Sales, Marketing und Service: Mit AI und Bots zu einem Algorithmic Business – Konzepte, Technologien und Best Practices. Wiesbaden: Springer Gabler.

Georg, S. (2018). Das Taschenbuch zum Controlling. Berlin: epubli.

Georg, S. (2020). Onlinequelle. Digitalisierung der Industrie. Erreichbar unter: https://www.wiin-online.de/digitalisierung-der-industrie/. Abruf am 27.02.2021.

Georg. S. (o.J.). Onlinequelle. Strategisches Management. Erreichbar unter: https://www.wiin-kostenmanagement.de/strategisches-management/. Abruf am 22.02.2021.

Goldmedia GmbH (2019). Onlinequelle. Aufbruch im Streamingmarkt. Erreichbar unter: https://www.goldmedia.com/aktuelles/info/article/aufbruch-im-streamingmarkt/. Abruf am: 31.12.2020.

Goldmedia GmbH (2020a). Onlinequelle. Disney+ erreicht in Deutschland nach zwei Wochen einen Nutzeranteil von 10%. Erreichbar unter: https://www.goldmedia.com/presse/pressemeldungen/info/article/disney-erreicht-in-deutschland-nach-zwei-wochen-einen-nutzeranteil-von-10/. Abruf am: 04.01.2021.

Goldmedia GmbH (2020b). Onlinequelle. Streamingmarkt Deutschland: Mehr als 6 Mrd. Euro Umsatz im Jahr 2024. Erreichbar unter: https://www.goldmedia.com/aktuelles/info/article/streamingmarkt-deutschland-mehr-als-6-mrd-euro-umsatz-im-jahr-2024/. Abruf am: 04.01.2021.

Google Play (2020). Onlinequelle. Spotify – Entdecke neue Musik, Podcasts und mehr. Erreichbar unter: https://play.google.com/store/apps/details?id=com.spotify.music&hl=de&gl=US. Abruf am 15.01.2021.

Haller, S. / Wissing, C. (2018). Normstrategien für das Service Business Development zur Berücksichtigung digitaler Plattformen in der Wertschöpfung, in: Bruhn, M. / Hadwich, K. (Hrsg.). Service Business Development: Strategien – Innovationen – Geschäftsmodelle. Band 1. Wiesbaden: Springer Gabler, S. 168–190.

Handelsblatt (2014). Onlinequelle. Netflix mit Kooperationsplänen nach Deutschland. Erreichbar unter: https://www.handelsblatt.com/unternehmen/it-medien/telekom-und-vodafone-netflix-mit-kooperationsplaenen-nach-deutschland/10697082.html. Abruf am: 04.01.2021.

Handelsblatt GmbH (2014). Onlinequelle. Musik-Streamingdienst wehrt sich gegen Vorwürfe. Erreichbar unter: https://www.handelsblatt.com/unternehmen/it-medien/taylor-swift-vs-spotify-musik-streamingdienst-wehrt-sich-gegen-vorwuerfe/10966498.html. Abruf am: 02.01.2021.

Handelsblatt GmbH (2017). Onlinequelle. Das Ende des Spotify-Boykotts. Erreichbar unter: https://www.handelsblatt.com/arts_und_style/aus-aller-welt/taylor-swift-das-ende-des-spotify-boykotts/19911924.html. Abruf am: 01.01.2021.

Handelsblatt GmbH (2018). Onlinequelle. Spotify kauft Musikrechte-Lizenzdienst Loudr. Erreichbar unter: https://www.handelsblatt.com/unternehmen/it-medien/streamingdienst-spotify-kauft-musikrechte-lizenzdienst-loudr/21171146.html. Abruf am 14.01.2021.

Handelsblatt GmbH (2020). Onlinequelle. Spotify gewinnt in der Coronakrise neue zahlende Abonnenten. Erreichbar unter: https://www.handelsblatt.com/unternehmen/it-medien/musik-streamingdienst-spotify-gewinnt-in-der-coronakrise-neue-zahlende-abonne nten/26571690.html?ticket=ST-21058178-JD9BGOC22n6pz5AXR5kB-ap2. Abruf am 31.12.2020.

Hastings, R., Meyer, E. (2020). Keine Regeln: Warum Netflix so erfolgreich ist. Berlin: Ullstein Buchverlage GmbH.

Heise Medien GmbH & Co. KG (2020). Onlinequelle. Neue Richtlinien im Play Store: Google untermauert seine 30-Prozent-Gebühr. Erreichbar unter: https://www.heise.de/news/Neue-Richtlinien-im-Play-Store-Google-untermauert-seine-30-Prozent-Gebuehr-4914712.html. Abruf am: 15.01.2021.

Hess, T. (2019). Digitale Transformation strategisch steuern: Voll Zufallstreffer zum systematischen Vorgehen. Wiesbaden: Springer.

Jahresbericht Netflix, Inc. (2019). Onlinequelle. Annual Report. Erreichbar unter: https://s22.q4cdn.com/959853165/files/doc_financials/2019/ar/2019-10-K.pdf. Abruf am: 26.12.2020.

Jerzy, N. (2019). Onlinequelle. So wurde Netflix zum Streaming-Pionier. Erreichbar unter: https://www.capital.de/wirtschaft-politik/so-wurde-netflix-zum-streaming-pionier. Abruf am: 30.12.2020.

Jones, E. (2020). Onlinequelle. "It's pure rock'n'roll': how Money Heist became Netflix biggest global hit. Erreichbar unter: https://www.theguardian.com/tv-and-radio/2020/apr/02/how-money-heist-became-netflix-biggest-global-hit. Abruf am: 04.01.2021.

Kahneman, D. (2012). Schnelles Denken, langsames Denken. Nobelpreis für Wirtschaft. München: Penguin Verlag.

Kahveci, S. (2014). Unternehmensstrategien in Krisenzeiten: Maßnahmen agiler Unternehmen. Diplomica Verlag: Hamburg.

Knöchelmann, M. (2014). Onlinequelle. Disruptive Innovation: Clayton Christensens Ansatz. Erreichbar unter: https://www.lepublikateur.de/2014/04/03/disruptive-innovation-clayton-christensens-ansatz/. Abruf am: 23.12.2020.

Kollmann, T. (2019). E-Entrepreneurship. Grundlagen der Unternehmensgründung in der Digitalen Wirtschaft, 7. Aufl., Wiesbaden: Springer Gabler.

Kölsch, F. (2019). Onlinequelle. Neues Modell: Wie Streamingdienste Musiker fairer bezahlen wollen. Erreichbar unter: https://www.musikexpress.de/streamingdienste-deezer-bezahlmodelle-1365297/. Abruf am 01.01.2021.

Kort, K. (2018). Onlinequelle. Taylor Swift geht zu Universal Music – und hilft damit anderen Künstlern. Erreichbar unter: https://www.handelsblatt.com/arts_und_style/lifestyle/streaming-klausel-taylor-swift-geht-zu-universal-music-und-hilft-damit-anderen-kuenstlern/23657352.html?ticket=ST-25982644-q21dPJlTO2ncsPML6D5l-ap6. Abruf am: 01.01.2021.

Kres, M. (2017). Mutmacher: Unternehmen stärken durch mutige Führung. Springer Gabler: Wiesbaden.

Krupp, A. (2013). Unternehmensplanung und Kontrolle: Kompakt. Norderstedt: Books on Demand.

Kruse, S. (2014). Aktien-, Zins- und Währungsderivate: Märkte, Einsatzmöglichkeiten, Bewertung und Risikoanalyse. Wiesbaden: Springer Gabler.

Kumar, V. (2014). Making „freemium" work: many start-ups fail to recognize the challenges of this popular business model. In: Harvard Business Review, 2014, 92, 5, S. 27–29.

Lemke, C., Brenner, W., Kirchner, K. (2017). Einführung in die Wirtschaftsinformatik. Band 2: Gestalten des digitalen Zeitalters. Wiesbaden: Springer Gabler.

Manager magazin new media GmbH & Co. KG (2018). Onlinequelle. Spotify und Samsung greifen Apple an. Erreichbar unter: https://www.manager-magazin.de/digitales/it/apple-angriff-spotify-und-samsung-schliessen-partnerschaft-a-1222516.html. Abruf am: 15.01.2021.

Manager magazin new media GmbH & Co. KG (2019). Onlinequelle. EU nimmt Klage von Spotify gegen Apple "sehr ernst". Erreichbar unter: https://www.manager-magazin.de/digitales/it/spotify-gegen-apple-beschwerde-des-streamingdienstes-wegen-app-store-a-1257803.html. Abruf am: 16.01.2021.

Manager magazin new media GmbH & Co. KG (2020a). Onlinequelle. Vordenker-Serie: Joseph Schumpeter – Der kreative Zerstörer. Erreichbar unter: https://www.manager-magazin.de/harvard/management/joseph-schumpeter-innovation-und-schoepferische-zerstoerung-a-00000000-0002-0001-0000-000091405742. Abruf am: 17.12.2020.

manager magazin new media GmbH & Co. KG, (2020b). Onlinequelle. Der Kreative Zerstörer. Erreichbar unter: https://www.manager-magazin.de/harvard/management/joseph-schumpeter-innovation-und-schoepferische-zerstoerung-a-00000000-0002-0001-0000-000091405742. Abruf am: 23.12.2020.

Mansholt, M. (2019). Onlinequelle. Netflix testet Jahres-Abo zum halben Preis. Erreichbar unter: https://www.stern.de/digital/homeentertainment/netflix-testet-jahres-abo-zum-halben-preis-9052392.html. Abruf am: 04.01.2021.

McFadden (2020). Onlinequelle. The Fascinating History of Netflix. Erreichbar unter: https://interestingengineering.com/the-fascinating-history-of-netflix. Abruf am: 26.12.2020.

McKinsey & Company, Inc. (2019). Onlinequelle. Streaming: Jeder Zweite in Deutschland nutzt Netflix, Amazon & Co., Tendenz steigend. Erreichbar unter: https://www.mckinsey.de/news/presse/video-streaming-jeder-zweite-deutsche-haushalt-nutzt-netflix-amazon-prime#. Abruf am: 31.12.2020.

Music Industry Blog (2020). Onlinequelle. Music Subscriber Market Shares Q1 2020. Erreichbar unter: https://musicindustryblog.wordpress.com/2020/06/23/music-subscriber-market-shares-q1-2020/. Abruf am: 04.03.2021.

Münter, M. (2018). Mikroökonomie, Wettbewerb und strategisches Verhalten. München: UVK Verlag.

Nagl, A., Bozem, K. (2018). Geschäftsmodelle 4.0. Business Model Building mit Checklisten und Fallbeispielen. Wiesbaden: Springer Gabler.

Netflix, Inc. (2020a). Onlinequelle. About Us. Erreichbar unter: https://about.netflix.com/en Abruf am: 31.12.2020.

Netflix, Inc. (2020b), Onlinequelle. Long-Term View. Erreichbar unter: https://ir.netflix.net/ir-overview/long-term-view/default.aspx. Abruf am: 31.12.2020.

Oxford College of Marketing (o.J.). Onlinequelle. TOWS Analysis: A Step by Step Guide. Erreichbar unter: https://blog.oxfordcollegeofmarketing.com/2016/06/07/tows-analysis-guide/. Abruf am: 20.12.2020.

Parrot Analytics (2019). Onlinequelle. Analytics. Erreichbar unter: https://www.parrotanalytics.com/announcements/parrot-analytics-global-tv-demand-report-finds-netflix-captured-62-6-of-worldwide-demand-for-digital-original-series-in-q2-2019/. Abruf am: 31.12.2020.

Pätzold, M. (2019). Neue Wettbewerbspolitik im 21. Jahrhundert: Zehn Thesen zur digitalen Wirtschaft. Wiesbaden: Springer Gabler.

Paul, H., Wollny, V. (2011). Instrumente des strategischen Managements: Grundlagen und Anwendung. München: Oldenbourg Verlag.

Paul, H., Wollny, V. (2014). Instrumente des strategischen Managements: Grundlagen und Anwendung. Oldenbourg Wissenschaftsverlag: München.

Polywka (2020). Onlinequelle. Kinofilme, die wegen Corona jetzt bei Amazon & Co. Laufen. Erreichbar unter: https://www.techbook.de/entertainment/streaming/corona-kinofilme-str eaming. Abruf am: 04.01.2021.

Prommer, E. (2015). Film und Kino: Die Faszination der laufenden Bilder. Wiesbaden: Springer VS.

PwC Deutschland (2020). Onlinequelle. Ranking der 100 wertvollsten Unternehmen der Welt 2020. Erreichbar unter: https://www.pwc.de/de/kapitalmarktorientierte-unternehmen/ran king-der-100-wertvollsten-unternehmen-der-welt-2020.html. Abruf am: 24.02.2021.

Ries, E. (2011). The Lean Startup: How Constant Innovation Creates Radically Successful Businesses. Great Britain: Penguin Random House.

Rivera (2019). Onlinequelle. Netflix SWOT Analysis. Erreichbar unter: https://www.rancord. org/netflix-swot-analysis-internal-external-strategic-factors. Abruf am: 04.01.2021.

Rürup, B., Jung, S. (2017). Digitalisierung: Chancen auf neues Wachstum. In: Hildebrandt, A., Landhäußer, W, (Hrsg.). CSR und Digitalisierung: Der digitale Wandel als Chance und Herausforderung für Wirtschaft und Gesellschaft. Wiesbaden: Springer Gabler.

Schawel, C., Billing, F. (2004). Top 100 Management Tools: Das wichtigste Buch eines Managers. Springer Fachmedien: Wiesbaden.

Scheer, A. (2020). Unternehmung 4.0: Vom disruptiven Geschäftsmodell zur Automatisierung der Geschäftsprozesse. Wiesbaden: Springer Vieweg.

Schumpeter, J. A. (2020). Kapitalismus, Sozialismus und Demokratie. Tübingen: Narr Francke Attempto Verlag.

Schütte, O. (2019). Die Netflix-Revolution: Wie Streaming unser Leben verändert. Zürich: Midas Management-Verlag AG.

Sens, B. (2018). Suchmaschinenoptimierung – Erste Schritte und Checklisten für bessere Google-Positionen. Wiesbaden: Springer Gabler.

Sesler, R., Georg, S. (2020). Innovatives Controlling – die 5 wichtigsten Trends. Freiburg. Haufe-Lexware.

Spotify AB (2020). Onlinequelle. Spotify Nutzungsbedingungen. Erreichbar unter: https:// www.spotify.com/de/legal/end-user-agreement/. Abruf am: 15.01.2021.

Spotify Research & Development Engineering (2020). Onlinequelle. For Your Ears Only: Personalizing Spotify Home with Machine Learning. Erreichbar unter: https://engine ering.atspotify.com/2020/01/16/for-your-ears-only-personalizing-spotify-home-with-machine-learning/. Abruf am: 14.01.2021.

Spotify Technology S.A. (2020a). Onlinequelle. Company Info. Erreichbar unter: https://new sroom.spotify.com/company-info/. Abruf am 26.12.2020.

Spotify Technology S.A. (2020b). Onlinequelle. Spotify Technology S.A. Announces Finan-cial Results for Third Quarter 2020. Erreichbar unter: https://investors.spotify.com/financ ials/press-release-details/2020/Spotify-Technology-S.A.-Announces-Financial-Results-for-Third-Quarter-2020/default.aspx. Abruf am 26.12.2020.

Spotify Technology S.A. (2020c). Onlinequelle. Spotify Technology S.A. Announces Financial Results for Third Quarter 2020. Erreichbar unter: https://investors.spotify.com/financ ials/press-release-details/2020/Spotify-Technology-S.A.-Announces-Financial-Results-for-Third-Quarter-2020/default.aspx. Abruf am: 31.12.2020.

Spotify Technology S.A. (2020d). Onlinequelle. Spotify Investors: Soundtrack Your Life. Erreichbar unter: https://investors.spotify.com/home/default.aspx. Abruf am 14.01.2021.

Spotify Technology S.A. (2020e). Onlinequelle. Spotify Support: Musik und Podcasts herunterladen. Erreichbar unter: https://support.spotify.com/de/article/listen-offline/. Abruf am 15.01.2021.

Spotify Technology S.A. (2020f). Onlinequelle. COVID-19: So hilft Spotify. Erreichbar unter: https://ads.spotify.com/de-DE/news-und-insights/so-hilft-spotify-waehrend-corona/. Abruf am 20.01.2021.

Springer Fachmedien Wiesbaden GmbH (o.J.). Onlinequelle. SWOT-Analyse. Erreichbar unter: https://wirtschaftslexikon.gabler.de/definition/swot-analyse-52664. Abruf am 20.12.2020.

Statista GmbH (2020). Onlinequelle. Statistiken zu Netflix. Erreichbar unter: https://de.sta tista.com/themen/1840/netflix/. Abruf am: 30.12.2020.

Statista GmbH (2021). Onlinequelle. Marktanteile der Musikstreaming-Anbieter an den Abonnenten weltweit 2020. Erreichbar unter: https://de.statista.com/statistik/daten/studie/671214/umfrage/marktanteile-der-musikstreaming-anbieter-weltweit/. Abruf am: 04.03.2021.

Sterneborg (2020). Onlinequelle. Eine Zeit zu sterben. Erreichbar unter: https://www.zeit.de/kultur/film/2020-11/kinos-corona-lockdown-krise-kultur-schliessungen. Abruf am: 28.12.2020.

Sweney, M. (2017). Onlinequelle. Shaken it off! Taylor Swift ends Spotify spat. Erreichbar unter: https://www.theguardian.com/music/2017/jun/09/shaken-it-off-taylor-swift-ends-spotify-spat. Abruf am: 02.01.2021.

The New York Times (2020). Onlinequelle. Joe Rogan Strikes an Exklusive, Multiyear Deal With Spotify. Erreichbar unter: https://www.nytimes.com/2020/05/20/business/media/joe-rogan-spotify-contract.html. Abruf am: 15.01.2021.

Thode, S., Wistuba, L. (2019). SWOT als Methode der agilen Strategieentwicklung. In: Dahm, M., Thode, S. (Hrsg.). Strategie und Transformation im digitalen Zeitalter: Inspirationen für Management und Leadership. Wiesbaden: Springer Gabler.

Verlag Werben & Verkaufen GmbH (2020). Onlinequelle. Konkurrenz setzt Netflix unter Druck. Erreichbar unter: https://www.wuv.de/medien/konkurrenz_setzt_netflix_unter_druck. Abruf am: 04.01.2021.

Vogt, G. (2009). Faszinierende Mikroökonomie: Erlebnisorientierte Einführung. Oldenbourg Wissenschaftsverlag: München.

Von Freyberg, B., Zeugfang, S. (2014). Strategisches Hotelmanagement. Oldenbourg Wissenschaftsverlag: München.

Weihrich, H. (1982). The TOWS matrix – A tool for situational analysis. In: Long range planning, 15. Jg., Nr. 2, S. 54–66.

WirtschaftsWoche Online (2020). Onlinequelle. Musikindustrie: „Was passiert, wenn ich meine Firma aufteile?" Erreichbar unter: https://www.wiwo.de/unternehmen/dienstleister/musikindustrie-was-passiert-wenn-ich-meine-firma-aufteile/26235214.html. Abruf am 31.12.2020.

Wollner, A., Wilhelm, K. (2020). Onlinequelle. Wegen der Corona-Krise: Exklusiv-Filmstart der Kinos wackelt. Erreichbar unter: https://www.ndr.de/kultur/film/Wegen-der-Corona-Krise-Exklusiver-Filmstart-der-Kinos-wackelt,streamingdienste110.html. Abruf am: 04.01.2021.

Zukunftsinstitut GmbH (2012). Onlinequelle. Konnektivität: Die Vernetzung der Welt. Erreichbar unter: https://www.zukunftsinstitut.de/artikel/konnektivitaet-die-vernetzung-der-welt/. Abruf am: 15.01.2021.

Printed in the United States
by Baker & Taylor Publisher Services

Printed in the United States
by Baker & Taylor Publisher Services